부산교통공사

운영직

제 1 회	영 역	직업기초능력평가, 일반상식
	문항수	총 100문항
	시 간	100분
	비 고	객관식 4지선다형

SEOWONGAK
(주)서원각

제 1 회 기출동형 모의고사

🖎 직업기초능력

┃1~2┃ 다음에 제시된 단어의 관계와 유사한 것을 고르시오.

1.

달변 : 능언

① 굴종 : 불복   ② 가녘 : 고갱이

③ 한데 : 옥내   ④ 유린 : 침손

2.

잠정 : 경상

① 재건 : 회복   ② 상망 : 획득

③ 고착 : 불변   ④ 외지 : 타방

3. 다음에 밑줄 친 단어와 같은 의미로 사용된 것을 고르시오.

매가 병아리를 <u>차서</u> 하늘 높이 날아갔다.

① 들어오는 복을 <u>차다</u>.

② 그는 상대편 선수를 발로 <u>찼다</u>.

③ 선수들은 출발선을 <u>차며</u> 힘차게 내달렸다.

④ 소매치기가 아주머니의 지갑을 <u>차서</u> 달아났다.

4. 다음 중 의미가 가장 다른 한자성어는?

① 천경지위(天經地緯)

② 사기충천(士氣衝天)

③ 석권지세(席卷之勢)

④ 파죽지세(破竹之勢)

5. 다음은 신입사원 A가 사보에 싣기 위해 기획한 기사의 의도와 초고 내용이다. 당신이 A의 상사라고 할 때, 지적할 수 있는 수정 사항으로 적절한 것은?

> **[기획 의도]**
>
> 최근 많이 사용되고 있는 시사용어인 워라밸의 의미와 워라밸이 추구하는 삶의 양식에 대해 설명하고, 사원들이 워라밸을 이해할 수 있도록 하는 데에 있다.
>
> **[초고]**
> 제목 : ㉠<u>워라밸</u>
> 부제 : 일과 삶의 성과를 지향하는 인생을 추구하며
>
> 우리나라는 ㉡<u>세계적으로 1인당 연평균 노동 시간이 긴 편에 속한다.</u> ㉢<u>'주 52시간 근로법'</u>이 만들어질 정도로 장시간 일하는 것에 대해 사회적으로 고민하면서 최근 워라밸이란 용어가 자주 등장하고 있다. 이 말은 워크 앤 라이프 밸런스(Work and Life Balance)를 줄인 것으로, 일과 삶의 균형을 뜻한다. ㉣<u>워라밸은 주로 젊은층에서 여가와 개인적인 생활을 중시하는 것을 의미한다.</u> 직장과 조직을 우선시하던 기존 세대와 달리 청년 세대에서 많은 돈을 버는 것에 집착하지 않고 넉넉하지 않은 여건에서도 자신이 지향하는 삶을 추구하는 경향을 말한다. 워라밸은 과도하게 일에 몰두하는 대신 휴식과 여행, 자기계발을 통해 삶의 만족도를 높이는 것을 중시한다.

① ㉠ : 사보라는 매체의 특성을 고려하여 제목과 부제의 순서를 바꾸어 제시하는 것이 좋겠어.

② ㉡ : 정보의 신뢰성을 높이기 위해 국가별 노동 시간 순위가 나타나는 자료를 인용하는 것이 좋겠어.

③ ㉢ : 기획 의도가 잘 드러나도록 법 제정 절차에 대한 내용을 추가하는 것이 좋겠어.

④ ㉣ : 글의 주제와 관련성이 부족한 내용이므로 삭제하는 것이 좋겠어.

6. 다음 글의 주제로 가장 적절한 것은?

뉴스는 언론이 현실을 '틀짓기[framing]' 하여 전달한 것이다. 여기서 틀 짓기란 일정한 선택과 배제의 원리에 따라 현실을 구성하는 것을 말한다. 그런데 수용자는 이러한 뉴스를 그대로 받아들이지는 않는다. 수용자는 수동적인 존재가 아닌 능동적인 행위자가 되어 언론이 전하는 뉴스의 의미를 재구성한다. 이렇게 재구성된 의미들을 바탕으로 여론이 만들어지고, 이것은 다시 뉴스 구성의 '틀[frame]'에 영향을 준다. 이를 뉴스 틀 짓기에 대한 수용자의 '다시 틀 짓기[reframing]'라고 한다. '다시 틀 짓기'가 가능한 이유는 수용자가 주체적인 의미 해석자로, 사회 속에서 사회와 상호 작용하는 존재이기 때문이다.

그렇다면 수용자의 주체적인 의미 해석은 어떻게 가능할까? 그것은 수용자가 외부 정보를 해석하는 인지 구조를 갖고 있기 때문이다. 인지 구조는 경험과 지식, 편향성 등으로 구성되는데, 뉴스 틀과 수용자의 인지 구조는 일치하기도 하고 갈등하기도 한다. 이 과정에서 수용자는 자신의 경험, 지식, 편향성 등에 따라 뉴스가 전달하는 의미를 재구성하게 된다. 수용자의 이러한 재구성, 즉 해석은 특정 화제에 대해 어떤 태도를 취할 것인가, 그 화제와 관련된 다른 화제나 행위자들을 어떻게 평가할 것인가 등을 결정하는 근거가 된다.

이렇게 특정 화제에 대한 수용자의 다양한 해석들은 수용자들이 사회 속에서 상호 작용하는 과정에서 여론의 형태로 나타난다. 여론은 사회적 차원에서 벌어지는 특정 화제에 대한 사회적 공방들과 개인적 차원에서의 대화, 논쟁들로 만들어지는 의견들을 모두 포괄한다. 이렇게 형성된 여론은 다시 뉴스 틀에 영향을 주며, 이에 따라 새로운 틀과 여론이 만들어진다. 새로운 틀이 만들어짐으로써 특정 화제에 대한 사회적 논의들은 후퇴하거나 발전할 수 있으며, 보다 다양해질 수 있다.

사회학자 갬슨은 뉴스와 뉴스 수용자의 관계를 주체와 객체의 고정된 관계가 아닌, 상호 작용을 바탕으로 하는 역동적인 관계로 보았다. 이러한 역동성은 수용자인 우리가 능동적인 행위자로 '다시 틀 짓기'를 할 때 가능하다. 그러므로 우리는 뉴스로 전해지는 내용들을 언제나 비판적으로 바라보고 능동적으로 해석해야 하며, 수용자의 해석에 따라 형성되는 여론에 대해서도 항상 관심을 가져야 한다.

① 언론의 '틀 짓기'는 현실을 왜곡하여 전달하기 때문에 비판받아야 한다.
② 뉴스 수용자는 여론을 형성하여 뉴스 구성의 '틀'에 영향을 주어야 한다.
③ 수용자들은 사회 속에서 상호 작용을 통해 자신의 인지 구조를 변화시켜야 한다.
④ 뉴스를 비판적으로 해석하고 여론에 관심을 갖는 수용자로서의 자세가 필요하다.

|7~8| 다음 글을 읽고 물음에 답하시오.

왜 행복을 추구하면 할수록 행복하지 못하다고 느낄까? 어떤 이는 이것에 대해 행복의 개념이 공리주의에서 기원하였기 때문이라고 말한다. 원래 행복을 가리키는 영어의 'happiness'는 단지 '행운'이라는 뜻으로만 쓰였다고 한다. 그런데 벤담이 '최대 다수의 최대 행복'을 공리주의의 모토로 내세우면서 '사회 전체의 복지 증진'이라는 개념이 등장하게 되었다.

공리주의 이전의 전근대 사회에서는 진정한 의미의 '개인'이 존재하지 않았을 뿐 아니라 '개인의 행복'은 논의의 대상이 아니었다. 개인은 자신이 속한 공동체로부터 정치적 속박을 받을 뿐만 아니라 경제적 예속 관계에 놓여 있었기 때문이다. 그러다 민주주의와 시장주의가 발전하기 시작하는 근대 사회에서 개인의 중요성이 강조되면서 전통적인 공동체는 해체가 불가피하였다. 여기에 공리주의의 확산으로 '사회 전체의 복지 증진'을 보장하려는 법과 제도가 자리 잡게 되었지만 이미 공동체가 해체되고 있는 터라 사회 복지의 최종적인 수혜자인 '개인'이 '행복의 주체'로 부각되었다. 개인은 민주주의와 시장주의를 기반으로 자신의 행복을 달성함으로써 공리주의가 보장한 사회 전체의 행복 증진에 기여할 수 있게 된 것이다.

한편 개인들에게 분배될 수 있는 지위와 재화는 제한되어 있어 자신의 행복을 추구하려면 타인과의 경쟁을 피할 수 없다. 그 결과 개인들은 서로를 경쟁자로 인식하여 서로를 소외시킬 뿐만 아니라 종국에는 타인으로부터 자신을 고립시키기도 한다. 그러면서 또 한편 개인은 이 소외감과 고립감을 극복하기 위해 무던히 애를 쓰는 역설적인 상황에 이르렀다.

문제는 경쟁 사회에서는 이 소외감과 고립감을 극복하기가 쉽지 않다는 것이다. 회사 동료와는 승진을 놓고 경쟁하는 사이이고, 옆 가게의 주인과는 이윤 추구를 놓고 경쟁하는 사이이기 십상이다. 매체를 통한 관계 맺기를 하려고 하여도 매체 속 세상은 실재하는 세계가 아닐 뿐만 아니라 그 세계에서 얻은 지지나 소속감 역시 피상적이거나 심한 경우 위선적인 관계에 기반한 경우가 많다.

이 문제를 해결하려면 자신의 행복을 추구하는 '개인'과 경쟁을 남발하는 사회 또는 공동체 사이에서의 어떤 타협이 필요하나 이미 개인에게 소속감을 줄 수 있는 전통적인 '공동체'는 해체되고 없다. 이에 마르셀 모스는 '공동의 부'라는 새로운 아이디어를 제시한다. 이 아이디어의 핵심은 개인의 주요 자원을 '공동의 부'로 삼는 것이다. 예를 들어 고등학교 도서관을 '공동의 부'의 개념으로 인근 동네에 개방하면 사람들의 만족도도 ㉠높아지고, 도서관을 개방한 학교도 학교에 대한 인식 등이 좋아지게 되니 학교를 중심으로 하는 구성원 전체의 행복은 더 커진다는 것이다. 그리고 이런 공동의 부가 확대되면서 이들 구성원 사이에 회복된 연대감은 개인의 행복과 사회 전체의 행복을 이어 주어 개인이 느끼는 소외감과 고립감을 줄여 줄 수 있다고 본다.

7. 윗글의 내용과 부합하지 않는 것은?

① 벤담의 공리주의가 등장하기 이전에 'happiness'는 '행복'이 아닌 '행운'의 뜻으로 사용되었다.

② 민주주의와 시장주의하에서 개인이 자신의 행복을 추구하려면 타인과의 경쟁이 불가피하다.

③ 공리주의에 따르면 개인은 자신의 행복을 달성함으로써 사회 전체의 행복 증진에 기여할 수 있다.

④ 매체를 통한 관계 맺기는 경쟁 사회에 개인이 느끼는 소외감과 고립감을 근본적으로 극복할 수 있게 한다.

8. 밑줄 친 ㉠과 유사한 의미로 사용된 것은?

① 장마철에는 습도가 <u>높다</u>.

② 지위가 <u>높을</u>수록 책임도 커진다.

③ 난치병이라도 조기 진단할 경우 완치율이 <u>높다</u>.

④ 서울에는 <u>높은</u> 고층 빌딩들이 즐비하다.

┃9~10┃ 다음 글을 읽고 물음에 답하시오.

스마트폰 청색광, 눈 건강 위협!
망막 세포 파괴 및 시력 저하 유발

A 대학 ○○ 연구 팀은 스마트폰의 청색광(blue light)이 망막 세포를 파괴할 수 있다는 연구 결과를 발표했다. 청색광은 어떻게 발생할까? 청색광은 얼마나 해로울까? 스마트폰의 청색광이 일으키는 피해를 줄이려면 어떻게 해야 할까?

▲ 청색광이 발생되는 스마트폰의 원리

스마트폰의 화면은 백라이트(back light)에서 나온 빛이 컬러 필터를 통과하면서 색상을 표현하는 구조로 되어 있다. 백라이트에서 지속적으로 빛을 내보내면서 원하지 않는 색을 내는 부분은 액정이 막아 다양한 색상을 <u>구현</u>하게 된다. 백색의 빛을 비추는 백라이트는 전류를 흘려주면 발광하는 반도체 소자의 일종인 엘이디(LED)를 사용한다. 엘이디는 적색, 녹색, 청색 등의 색깔을 만들 수 있지만 태양광처럼 직접 백색을 낼 수는 없다. 스마트폰의 백라이트는 청색 엘이디에 노란색 형광 물질을 씌워 만들기 때문에 <u>필연적</u>으로 청색광이 발생한다.

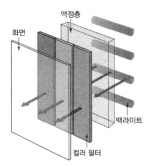

[그림 1] 스마트폰 화면의 구현 방식

▲ 청색광의 유해성

청색광은 가시광선 중에서도 자외선에 가까운 빛으로, 파장이 짧고 강한 에너지를 가진다. 이 때문에 눈에 있는 세포를 강하게 자극하여 눈의 피로감을 크게 <u>유발</u>한다. 이 연구 팀의 연구 결과에 따르면 눈이 청색광에 직접적으로 노출되었을 때 다른 빛에 비해 망막 세포가 손상되는 정도가 심하게 나타난다고 한다. 특히 어두운 곳에서 스마트폰을 사용하면 청색광에 의한 시력 <u>저하</u> 현상이 심해져서 눈 건강에 해롭다고 한다.

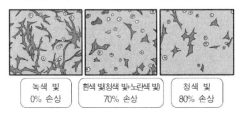

녹색 빛	흰색 빛(청색 빛+노란색 빛)	청색 빛
0% 손상	70% 손상	80% 손상

[그림 2] 빛의 색에 따른 망막 세포의 손상

▲ 청색광의 피해를 줄이기 위한 방안

현대인은 스마트폰을 일상적으로 사용할 수밖에 없는 환경에서 살고 있기 때문에 스마트폰으로부터 자유로워지기 어렵다. 하지만 스마트폰의 화면을 따뜻한 계열의 색상으로 조절하는 것만으로도 눈의 부담을 덜어줄 수 있다. 대부분의 스마트폰에는 청색광을 줄여 화면을 노랗게 바꿔주는 청색광 감소 기능이 있어 화면을 변경할 수 있다. 이 기능을 사용하면 스마트폰의 청색광이 어느 정도 줄어든다.

9. 위 기사에 대해 잘못 이해하고 있는 사람은 누구인가?

① 甲 : 청색광과 눈 건강과의 관계를 표제에 밝혀 글의 주제를 선명하게 드러내고 있군.

② 乙 : 청색광이 주는 부정적인 영향을 부제로 써서 표제의 내용을 구체화하고 있군.

③ 丙 : 청색광의 유해성과 관련한 상반된 관점을 대조하여 객관성을 높이고 있군.

④ 丁 : 스마트폰 화면의 구현 방식을 그림으로 제시하여 독자의 이해를 돕고 있군.

10. 밑줄 친 단어의 뜻풀이가 잘못된 것은?

① 구현(具現) : 어떤 내용이 구체적인 사실로 나타나게 함

② 필연적(必然的) : 사물의 관련이나 일의 결과가 반드시 그렇게 될 수밖에 없음

③ 유발(誘發) : 어떤 것이 다른 일을 일어나게 함

④ 저하(低下) : 자기 자신을 낮춤

|11~12| 다음에 나열된 수의 규칙을 찾아 빈칸에 들어갈 알맞은 수를 고르시오.

11.

11 5 5 11 ( ) 41

① 16   ② 19

④ 21   ④ 23

12.

9 3 15 2   11 4 43 8   7 6 49 7   4 1 ( ) 23

① 21   ② 23

③ 25   ④ 27

13. 甲은 여름휴가를 맞아 제주도 여행을 계획하였는데, 집인 서울에서 부산항까지는 자동차로 이동하고 부산항에서 제주행 배를 타려고 한다. 집에서 부산항까지의 거리는 450km이며 25m/s의 속력으로 운전한다고 할 때, 부산항에서 오후 12시에 출발하는 제주행 배를 타기 위해서는 집에서 적어도 몇 시에 출발해야 하는가? (단, 부산항 도착 후 제주행 배의 승선권을 구매하고 배를 타기까지 20분이 소요된다)

① 오전 4시   ② 오전 5시

③ 오전 6시   ④ 오전 7시

14. 서원이가 등산을 하는 데 올라갈 때는 3km/h의 속력으로 걷고, 정상에서 30분간 쉬었다가 내려올 때는 올라갈 때보다 5km 더 먼 길을 4km/h의 속력으로 걸어서 총 3시간 30분이 걸렸다. 서원이가 걸은 거리는 총 몇 km인가?

① 12km   ② 11km

③ 10km   ④ 9km

15. 세 다항식 $A = x^2 + x$, $B = 2x - 3$, $C = 2x^2 + 3x - 5$에 대하여 다항식 $AB + C$의 값은?

① $x^3 + x^2 + 5$

② $x^3 + 2x^2 - 5$

③ $2x^3 + x^2 + 5$

④ $2x^3 + x^2 - 5$

16. 甲은 매월 200,000원씩 납입하는 연이자율 5%, 2년 만기 적금을 가입하였고, 乙은 여유자금 500만 원을 연이자율 2%로 2년 동안 예치하는 예금에 가입하였다. 2년 뒤 甲과 乙이 받을 수 있는 금액의 차이는? (단, 연이자율은 모두 단리로 계산하며, 비과세 상품에 해당한다)

① 5만 원   ② 10만 원

③ 15만 원   ④ 20만 원

17. 다음은 ○○시의 시장선거에서 응답자의 종교별 후보지지 설문조사 결과이다. ㉮와 ㉯ 값의 합은? (단, ㉮와 ㉯의 응답자 수는 같다)

(단위 : 명)

응답자의 종교 후보	불교	개신교	가톨릭	기타	합
A	130	㉮	60	300	( )
B	260	( )	30	350	740
C	( )	㉯	45	300	( )
D	65	40	15	( )	( )
계	650	400	150	1,000	2,200

① 260   ② 270

③ 280   ④ 290

18. △△몰 사이트 내 농민마켓에서 아카시아 꿀을 팔고 있는 농민 甲은 A와 B 택배사의 택배비를 두고 고민하고 있다. 무게가 100g인 상자 한 개에 x g의 꿀 10병을 담아서 택배로 보내려고 할 때, A사를 이용하는 것이 B사를 이용하는 것보다 택배비가 더 저렴해지는 x의 최댓값은? (단, 택배비는 무게에 의해서만 결정되고, 상자 한 개와 꿀 10병의 무게의 합은 5kg을 넘지 않는다)

[A사]	
무게	택배비
2,000g 이하	4,000원
2,000g 초과 ~ 5,000g 이하	5,000원

[B사]	
무게	택배비
1,500g 이하	3,800원
1,500g 초과 ~ 2,000g 이하	4,100원
2,000g 초과 ~ 3,000g 이하	4,300원
3,000g 초과 ~ 4,000g 이하	4,400원
4,000g 초과 ~ 5,000g 이하	4,600원

① 160g ② 170g
③ 180g ④ 190g

┃19~20┃ 다음은 어느 지역의 8월 1일부터 7일까지 1주일간의 일평균 기온과 일평균 미세먼지 농도를 그린 그래프이다. 자료를 바탕으로 이어지는 물음에 답하시오.

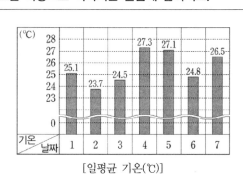

[일평균 기온(℃)]

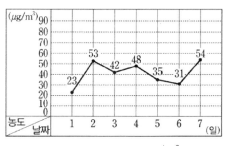

[일평균 미세먼지 농도($\mu g/m^3$)]

19. 일평균 기온이 26℃ 이상인 날의 일평균 미세먼지 농도의 평균은 몇인가? (단, 소수 둘째자리에서 반올림한다)

① $43.2 \mu g/m^3$ ② $44.9 \mu g/m^3$
③ $45.7 \mu g/m^3$ ④ $46.1 \mu g/m^3$

20. 1주일 중 일평균 기온이 가장 높은 날의 일평균 미세먼지 농도와, 일평균 미세먼지 농도가 가장 낮은 날의 일평균 기온의 차를 구하면? (단, 단위는 고려하지 않는다)

① 19.8 ② 20.3
③ 21.7 ④ 22.9

21. 명제 1, 명제 2가 모두 참이라고 할 때, 결론이 참이 되기 위해서 필요한 명제 3으로 가장 적절한 것은? (단, 보기로 주어진 명제는 모두 참이다)

명제 1. 밝지 않으면 별이 뜬다.
명제 2. 밤이 오면 해가 들어간다.
명제 3. _____
결 론. 밤이 오면 별이 뜬다.

① 밤이 오지 않으면 밝다.
② 해가 들어가지 않으면 밝다.
③ 별이 뜨면 해가 들어간다.
④ 밝으면 해가 들어가지 않는다.

22. 甲, 乙, 丙 세 사람이 다음과 같이 대화를 하고 있다. 세 사람 중 오직 한 사람만 사실을 말하고 있고 나머지 두 명은 거짓말을 하고 있다면, 甲이 먹은 사탕은 모두 몇 개인가?

甲 : 나는 사탕을 먹었어.
乙 : 甲은 사탕을 5개보다 더 많이 먹었어.
丙 : 아니야, 甲은 사탕을 5개보다는 적게 먹었어.

① 0개 ② 5개 미만
③ 5개 ④ 5개 이상

23. 일본의 유명한 자동차 회사인 도요타가 세계적인 자동차 브랜드로 성장하는 데 있어 큰 역할을 한 전략 중 하나인 5Why 기법은 인과관계를 바탕으로 문제의 근본적인 원인을 찾아 해결하고자 하는 문제해결기법이다. 다음 중 제시된 문제에 대해 5Why 기법으로 해결책을 도출하려고 할 때, 마지막 5Why 단계에 해당하는 내용으로 가장 적절한 것은?

[문제] 최종 육안 검사 시 간과하는 점이 많다.
• 1Why : _____
• 2Why : _____
• 3Why : _____
• 4Why : _____
• 5Why : _____ ? ____
[해결책] _____

① 작업장 조명이 어둡다.
② 조명의 위치가 좋지 않다.
③ 잘 보이지 않을 때가 있다.
④ 작업장 조명에 대한 기준이 없다.

24. 다음은 어느 TV 홈쇼핑 회사에 대한 3C 분석 사례이다. 분석한 내용을 바탕으로 회사 발전 전략을 제안한 내용 중 그 타당성이 가장 떨어지는 사람은?

Company	• 높은 시장점유율 • 긍정적인 브랜드 이미지 • 차별화된 고객서비스 기술 • 고가 상품 중심의 수익 구조 • 우수 인력과 정보시스템 • TV 방송에 한정된 영업 방식
Competitor	• 저가의 다양한 상품 구축 • 공격적인 프로모션 및 가격할인 서비스 • A/S 및 사후관리 능력 우수 • 인터넷, 모바일, 카탈로그 등 다양한 영업 방식
Customer	• 일반 소매업 대비 홈쇼핑 시장의 높은 성장률 • 30~50대 여성이 90% 이상을 차지하는 고객 구성 • 저렴한 가격, 편리성, 품질, 다양성 등에 대한 고객의 Needs • 상위 5%의 고객이 전체 매출의 30%를 차지

① 甲 : 홈쇼핑 분야에서 높은 시장점유율을 유지하기 위한 지속적인 노력이 필요합니다.
② 乙 : 저렴한 가격에 대한 고객의 요구를 채우기 위해 고가 상품 중심의 수익 구조를 개선해야 합니다.

③ 丙 : TV 방송에만 머무를 것이 아니라 다양한 매체를 활용한 영업 방식을 도입하는 것도 적극적으로 검토해야 합니다.
④ 丁 : 여성 고객뿐만 아니라 남성 고객에게도 어필할 수 있도록 남성적인 브랜드 이미지를 구축해 나가야 합니다.

❚ 25~26 ❚ 다음 SWOT 분석에 대한 설명과 사례를 보고 이어지는 물음에 답하시오.

[SWOT 분석 방법]

구분		내부환경요인	
		강점(Strengths)	약점(Weaknesses)
외부 환경 요인	기회 (Opportunities)	SO 내부강점과 외부기회 요인을 극대화	WO 외부기회를 이용하여 내부약점을 강점으로 전환
	위협 (Threats)	ST 내부강점을 이용하여 외부위협에 대응	WT 내부약점과 외부위협 요인을 최소화

[SWOT 분석 사례 : 요식업]

강점(Strengths)	약점(Weaknesses)
• 다양한 메뉴와 차별화된 서비스 • 업계 최고의 시장점유율 • 정교하게 구현된 홈페이지 및 모바일앱 • ㉠안정적 자금 공급	• 높은 가격대 • ㉡지점 직원들 관리의 어려움 • 지점 간 동일하지 않은 서비스 제공 • 고객 증가에 따른 즉각적인 대응 한계

기회(Opportunities)	위협(Threats)
• 외식 소비 심리의 지속적인 상승 • ㉢인터넷을 통한 1대1 마케팅 활성화 • 획일화되지 않은 서비스를 추구하는 젊은 세대의 선호 • 타 업계와의 콜라보레이션을 통한 마케팅 기회 증대	• 경쟁업체의 공격적인 가격할인 • 경기 악화에 따른 고객 구매력 약화 • 지속적으로 상승하는 매장 임차료 • 코로나19로 인한 매장유입 고객 감소 • ㉣노조와 경영진 간의 대립 심화

25. 다음 중 위의 SWOT 분석 사례에 따른 전략으로 적절하지 않은 것은?

① 홈페이지와 모바일앱을 통해 1대1 마케팅을 활성화하는 것은 SO 전략에 해당한다.

② 생산원가 절감을 통해 경쟁업체의 공격적인 가격할인에 대응하는 것은 ST 전략에 해당한다.

③ 안정적 자금 공급을 활용하여 임차료가 나가지 않는 자사 건물 매장으로 전환하는 것은 ST 전략에 해당한다.

④ 업계 최고의 시장점유율을 바탕으로 타 업계와의 적극적인 콜라보레이션 마케팅을 펼치는 것은 SO 전략에 해당한다.

26. ㉠~㉢ 중 SWOT 분석이 잘못된 것은?

① ㉠

② ㉡

③ ㉢

④ ㉣

27. 다음은 A시에서 조성한 푸른 숲 공원 만족도 조사 결과와 관련 자료이다. 이를 바탕으로 A시에서 '시민들의 이용 행태' 개선을 위해 취할 수 있는 방법으로 가장 적절하지 않은 것을 고르면?

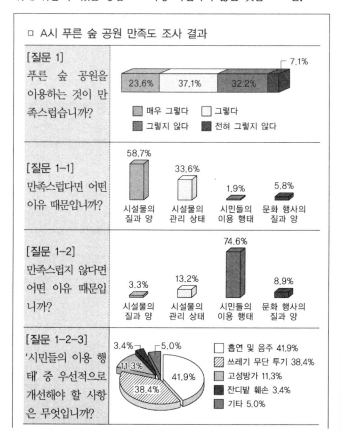

□ A시 푸른 숲 공원 만족도 조사 결과

[질문 1] 푸른 숲 공원을 이용하는 것이 만족스럽습니까?
23.6% / 37.1% / 32.2% / 7.1%
■ 매우 그렇다 □ 그렇다 ■ 그렇지 않다 ■ 전혀 그렇지 않다

[질문 1-1] 만족스럽다면 어떤 이유 때문입니까?
시설물의 질과 양 58.7% / 시설물의 관리 상태 33.6% / 시민들의 이용 행태 1.9% / 문화 행사의 질과 양 5.8%

[질문 1-2] 만족스럽지 않다면 어떤 이유 때문입니까?
시설물의 질과 양 3.3% / 시설물의 관리 상태 13.2% / 시민들의 이용 행태 74.6% / 문화 행사의 질과 양 8.9%

[질문 1-2-3] '시민들의 이용 행태 중 우선적으로 개선해야 할 사항은 무엇입니까?
□ 흡연 및 음주 41.9%
▨ 쓰레기 무단 투기 38.4%
▨ 고성방가 11.3%
■ 잔디밭 훼손 3.4%
▨ 기타 5.0%

□ 관련 자료

B시는 작년 1월부터 6개월 간 공원 내 금지 행위에 대한 집중 단속을 실시한 결과 전년도 같은 기간에 비해 공원 이용 무질서 행위가 30% 이상 줄어드는 효과를 얻었다. 또 단속 활동을 위한 경찰 순찰이 늘어나면서 시민들의 공원 이용이 더 안전해져 이에 대한 만족도도 높은 것으로 나타났다고 알려졌다.

① 공원 내 쓰레기통 주변에 쓰레기 무단 투기 감시를 위한 CCTV를 설치한다.

② 현재보다 다양한 운동시설의 종류를 확보하고, 1인당 이용할 수 있는 시설물을 늘린다.

③ 잔디밭에서 자전거를 타거나, 축구, 족구 등 잔디를 훼손할 수 있는 운동경기를 금지한다.

④ 늦은 시간에 허가 없이 시끄러운 음악을 틀어놓고 공연을 하거나 노래를 부르는 행위를 단속한다.

28. 다음은 A 버스회사에서 새롭게 개통하는 노선에 포함된 도서관과 영화관의 위치를 수직선 위에 나타낸 것이다. 도서관과 영화관의 위치를 좌표로 나타내면 각각 30, 70이라고 할 때, 주어진 조건을 만족하는 버스 정류장을 설치하려고 한다. 버스 정류장은 도서관으로부터 좌표상으로 최대 얼마나 떨어진 곳에 설치할 수 있는가?

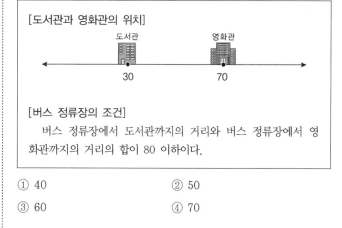

[도서관과 영화관의 위치]
도서관 30 / 영화관 70

[버스 정류장의 조건]
버스 정류장에서 도서관까지의 거리와 버스 정류장에서 영화관까지의 거리의 합이 80 이하이다.

① 40

② 50

③ 60

④ 70

29. 다음 글과 〈상황〉을 근거로 판단할 때, 甲정당과 그 소속 후보자들이 최대로 실시할 수 있는 선거방송 시간의 총합은?

- △△국 의회는 지역구의원과 비례대표의원으로 구성된다.
- 의회의원 선거에서 정당과 후보자는 선거방송을 실시할 수 있다. 선거방송은 방송광고와 방송연설로 이루어진다.
- 선거운동을 위한 방송광고는 비례대표의원 후보자를 추천한 정당이 방송매체별로 각 15회 이내에서 실시할 수 있으며, 1회 1분을 초과할 수 없다.
- 후보자는 방송연설을 할 수 있다. 비례대표의원 선거에서는 정당별로 비례대표의원 후보자 중에서 선임된 대표 2인이 각각 1회 10분 이내에서 방송매체별로 각 1회 실시할 수 있다. 지역구의원 선거에서는 각 후보자가 1회 10분 이내, 방송매체별로 각 2회 이내에서 실시할 수 있다.

〈상황〉
- △△국 방송매체로는 텔레비전 방송사 1개, 라디오 방송사 1개가 있다.
- △△국 甲정당은 의회의원 선거에서 지역구의원 후보 100명을 출마시키고 비례대표의원 후보 10명을 추천하였다.

① 2,070분
② 4,050분
③ 4,070분
④ 4,340분

30. 로봇을 개발하고 있는 A사는 새로 제작한 원격조종 로봇을 테스트하기 위해 좌표평면이 그려진 평평한 바닥 위에 로봇을 올려놓고 시범 조종을 하고 있다. 시범 조종에 대한 甲의 보고서가 다음과 같다고 할 때, 빈칸에 들어갈 값은?

〈원격조종 로봇 Ⅳ-1 테스트 조종 보고서〉

■ 명령어 규칙 및 테스트 환경

명령어 규칙	
명령어	로봇의 이동
[초기화]	로봇이 원점 O에 위치한다.
[우 3]	x축의 방향으로 3만큼 이동한다.
[상 5]	y축의 방향으로 5만큼 이동한다.
[좌 1, 하 6]	x축의 방향으로 −1만큼 이동한 후, y축의 방향으로 −6만큼 이동한다.

테스트 환경

■ 시범 조종 내용
- 1회차 : [초기화], [우 3], [상 5] 명령어를 순서대로 입력
- 2회차 : [초기화], [상 5], [좌 1, 하 6] 명령어를 순서대로 입력

■ 결과 보고
두 차례의 시범 조종 결과 원격조종 로봇 Ⅳ-1는 정상적으로 작동하였으며, 1회차 시범 조종에서 로봇의 최종 지점과 2회차 시범 조종에서 로봇의 최종 지점 간의 직선거리는 (　　　)으로 나타났다.

① $2\sqrt{10}$
② $2\sqrt{11}$
③ $4\sqrt{3}$
④ $2\sqrt{13}$

31. 다음은 물적자원관리 과정과 내용에 대한 표이다. 과정에 따른 내용이 잘못 정리된 것은?

과정	내용
사용 물품과 보관 물품의 구분	• 반복 작업 증가 • 물품 활용의 편리성
동일 및 유사 물품으로의 구분	• 동일성의 원칙 • 유사성의 원칙
물품 특성에 맞는 보관 장소 선정	• 물품의 형상 • 물품의 소재

① 반복 작업 증가

③ 물품 활용의 편리성

③ 유사성의 원칙

④ 물품의 형상

32. 다음은 인사팀 직원 간의 대화이다. 직원 A~E 중 인력배치의 원칙과 유형에 대해 잘못 이해하고 있는 직원은?

A : 이번에 새로 들어온 신입사원 甲이 배치 받은 부서에 잘 적응하지 못하고 있나봐.

B : 그래? 인력배치를 할 때 甲의 능력이나 성격에 가장 적합하다고 생각하는 부서에다 배치하는 게 원칙 아니었어?

A : 그렇지, 적재적소에 배치하는 것이 중요하잖아. 그런데 甲은 배치 받은 부서에 흥미가 없는 것 같아.

C : 물론 甲의 적성이나 흥미에 따라 적성 배치를 할 수 있다면 좋겠지. 그렇지만 회사 입장에서는 업무량이 많은 부서에 더 많은 인원을 배치하려는 양적 배치도 고려할 수밖에 없어.

D : 모든 신입직원에 대한 균형적인 배치는 잘 지켜진 거지? 甲만 적재적소에 대한 고려에서 빠졌을 수도 있잖아. 그렇다면 그건 인력배치의 원칙에 어긋나.

E : 맞아, 그리고 능력을 발휘할 수 있는 기회를 부여하고 성과를 바르게 평가하여 능력과 실적에 따라 그에 상응하는 보상을 주는 보상주의도 중요해.

① B

② C

③ D

④ E

33. 다음은 어느 기업의 직원별 프로젝트 수행 결과에 대한 평가표이다. 가장 나쁜 평가를 받은 사람은 누구인가?

〈직원별 프로젝트 수행 결과 평가표〉		
성명	프로젝트 수행 결과	점수
甲	• 완료 기한 : 20. 5. 30. • 완료 날짜 : 20. 6. 10.	
乙	• 예산 한도 : 421,900,000원 • 투입 비용 : 419,100,000원	
丙	• 예상 투입 인원 : 1,000명 미만 • 실제 투입 인원 : 999명	
丁	• 예상 투입 자원 : A, B, D, E, G • 실제 투입 자원 : B, E, G	
戊	• 기대 효과 : 만족도 80% 이상 • 실제 효과 : 만족도 90%	

① 甲

② 乙

③ 丙

④ 丁

34. A사에서는 2020년의 집행 금액이 가장 많은 팀부터 2021년의 예산을 많이 분배할 계획이다. 5개 팀의 2020년 예산 관련 내역이 다음과 같을 때, 다음 중 2021년에도 유통팀이 가장 많은 예산을 분배받기 위해서 12월 말까지 집행해야 하는 금액으로 옳은 것은? (단, 집행 금액은 신청 금액을 초과할 수 없다)

[2020년의 예산 신청 내역]

(단위 : 백만 원)

영업1팀	영업2팀	영업3팀	유통팀	물류팀
28	27	29	31	30

〈2020년 6월 말까지의 예산 집행률〉

(단위 : %)

영업1팀	영업2팀	영업3팀	유통팀	물류팀
35%	60%	20%	50%	45%

※ 예산 집행률 = 집행 금액 ÷ 신청 금액 × 100

① 14,430,000원

② 14,450,000원

③ 14,470,000원

④ 14,510,000원

35. 사내 행사에서 도시락 준비를 담당하게 된 신입사원 甲은 직원들의 선호도가 높은 도시락 전문점 두 곳을 조사하여 한 곳을 선택하고자 한다. 각 상점의 도시락 가격과 배달료가 다음과 같을 때, A 상점보다 B 상점에서 구입할 때 드는 비용이 더 적으려면 적어도 몇 개 이상의 도시락을 구입해야 하는가?

구분	A 상점	B 상점
도시락 한 개의 가격	5,000원	4,850원
배달료	무료	2,000원

① 11개   ② 12개
③ 13개   ④ 14개

36. A사는 우수한 인적자원관리 차원에서 직원들의 자기개발을 위한 경제적 지원 정책으로 다음과 같은 세 가지 대안을 고려하는 중이다. 대안의 내용을 바탕으로 판단할 때, 다음 중 옳지 않은 것은? (단, 직원들은 보기에 언급된 자기개발 항목 외에 다른 자기개발은 하고 있지 않은 것으로 가정하고, 외국어는 언어의 종류에 따라 서로 다른 항목으로 취급한다)

- 1안 : 직원 1인당 자기개발 지원금을 매월 지급하되, 자기개발 항목이 2가지 이상인 경우에 한한다. 처음 두 항목에 대해서는 각각 3만 원, 세 번째는 4만 원, 네 번째부터는 5만 원씩의 수당을 해당 직원에게 지급한다.
- 2안 : 직원 1인당 자기개발 지원금을 매월 지급하되, 자기개발 항목이 2가지 이상인 경우에 한한다. 다만 자기개발 항목이 2가지 미만이라고 하더라도 외국어 관련일 경우 수당을 지급한다. 처음 두 항목에 대해서는 각각 2만 원, 세 번째는 3만 원, 네 번째부터는 5만 원씩 수당을 해당 직원에게 지급한다.
- 3안 : 외국어 관련 자기개발을 하는 직원에게만 자기개발 지원금을 매월 지급한다. 외국어 종류에 따른 지원금은 각각 영어 10만 원, 중국어 5만 원, 일본어 3만 원으로 하고, 기타 외국어의 경우 1만 원으로 한다. 단, 2가지 이상의 외국어 관련 자기개발을 하는 경우, 지원금이 더 큰 외국어 하나에 대해서만 지원금을 지급한다.

① 업무에 필요한 체력을 키우기 위해 헬스장에 등록한 甲은 세 가지 대안 중 어느 것이 채택되더라도 자기개발 지원금을 받을 수 없다.
② 영어와 중국어에 이어 일본어까지 총 3곳의 학원에 다니고 있는 乙이 3안 채택 시 받을 수 있는 자기개발 지원금은 2안 채택 시 받을 수 있는 자기개발 지원금보다 많다.
③ 중국 거래처와의 원활한 의사소통을 위해 중국어 학원을 다니고 있는 丙이 일본 거래처 수의 증가에 따라 일본어 학원을 추가로 등록하였다고 할 때, 1안 채택 시 丙이 받을 수 있는 자기개발 지원금은 6만 원이다.

④ 외국인 바이어 접대에 필요한 강습을 받고 있는 戊가 자기개발 지원금을 받기 위해 추가로 외국어 관련 자기개발을 등록한다고 할 때, 3안 채택 시 받을 수 있는 자기개발 지원금이 1안 채택 시 받을 수 있는 자기개발 지원금보다 커지기 위해서는 영어나 중국어를 선택해야 한다.

37. A그룹은 직원들의 사기 증진을 위해 사내 동아리 활동을 지원하고자 한다. 다음의 지원계획과 동아리 현황에 따라 지원금을 지급한다고 할 때, 지원금을 가장 많이 받는 동아리와 가장 적게 받는 동아리 간의 금액 차이는 얼마인가?

[지원계획]
- 지원을 받기 위해서는 한 모임당 6명 이상 9명 이하로 구성되어야 한다.
- 기본지원금 : 한 모임당 1,500천 원을 기본으로 지원한다. 단, 업무능력 개발을 위한 모임의 경우는 2,000천 원을 지원한다.
- 추가지원금 : 동아리 만족도 평가 결과에 따라,
  - '상' 등급을 받은 모임에는 구성원 1인당 120천 원을,
  - '중' 등급을 받은 모임에는 구성원 1인당 100천 원을,
  - '하' 등급을 받은 모임에는 구성원 1인당 70천 원을 추가로 지원한다.
- 직원 간 교류 장려를 위해 동아리 간 교류가 인정되는 동아리에는 위의 두 지원금을 합한 금액의 30%를 별도로 지원한다.

[동아리 현황]

동아리	업무능력 개발 有/無	구성원 수	만족도 평가 결과	교류 有/無
A	有	5	상	有
B	無	6	중	無
C	無	8	상	有
D	有	7	중	無
E	無	9	하	無

① 2,100천 원
② 2,130천 원
③ 2,700천 원
④ 3,198천 원

38. 다음 사례에 대한 분석으로 옳은 것은?

> 사람이 하던 일을 로봇으로 대체했을 때 얻을 수 있는 편익은 시간당 6천 원이고 작업을 지속하는 시간에 따라 '과부하'라는 비용이 든다. 로봇이 하루에 작업을 지속하는 시간과 그에 따른 편익 및 비용의 정도를 각각 금액으로 환산하면 다음과 같다.
>
> (단위 : 원)
>
> | 시간 | 3 | 4 | 5 | 6 | 7 |
> |------|------|------|------|------|------|
> | 총 편익 | 18,000 | 24,000 | 30,000 | 36,000 | 42,000 |
> | 총 비용 | 8,000 | 12,000 | 14,000 | 15,000 | 22,000 |
>
> ※ 순편익 = 총 편익 − 총 비용

① 로봇은 하루에 6시간 작업을 지속하는 것이 가장 합리적이다.

② 로봇이 1시간 더 작업을 할 때마다 추가로 발생하는 비용은 일정하다.

③ 로봇으로 대체함으로써 하루에 최대로 얻을 수 있는 순편익이 22,000원이다.

④ 로봇이 1시간 더 작업할 때마다 추가로 발생하는 편익은 계속 증가한다.

39. 다음은 ○○사에서 출시한 에어컨 신제품에 대한 설명서 중 일부분이다. 다음 설명서를 읽고 바르게 이해한 것은?

> (1) 공기청정도의 숫자와 아이콘은 무엇을 의미하나요?
> • 숫자는 미세먼지/초미세먼저의 농도를 보여줍니다.
> • 아이콘의 색은 공기청정도의 상태를 나타냅니다.
> • 가스(냄새) 청정도 표시는 음식 연기 및 냄새 등을 감지하여 4단계로 표시됩니다.
>
> (단위 : $\mu g/m^3$)
>
> | 상태표시등 | 파란색 | 초록색 | 노란색 | 빨간색 |
> |------|------|------|------|------|
> | 상태 | 좋음 | 보통 | 나쁨 | 매우나쁨 |
> | 미세먼지 | 0~30 | 31~80 | 81~150 | 151이상 |
> | 포미세먼지 | 0~15 | 16~50 | 51~100 | 101이상 |
>
> ※ $09\mu g/m^3$은 (초)미세먼지 농도가 최저 수준임을 의미합니다. 일반적인 주택의 경우, 주변의 공기가 깨끗하면 (초)미세먼지 농도 수치가 $09\mu g/m^3$에서 변하지 않습니다.
>
> (2) 미세먼지와 초미세먼지 농도가 같아요.
>
> 미세먼지 초미세먼지   미세먼지 초미세먼지
> ☒12$\mu g/m^3$ ☒12$\mu g/m^3$ | 12$\mu g/m^3$ 12$\mu g/m^3$
>
> 실내의 공기청정도가 좋음, 보통일 경우 미세먼지와 초미세먼지의 농도가 같아질 수 있습니다. 실내 공기에 분포된 미세먼지와 초미세먼지 농도가 유사하여 나타난 증상으로 고장이 아니니 안심하고 사용하세요.
>
> (3) 센서가 잘 작동하는지 확인해보고 싶어요.
> • 구이나 튀김 요리시 수치와 아이콘 색의 변화를 관찰해 보세요.
> • 창문을 활짝 열고 10분 이상 환기시켜 보세요. (환경부에서 발표한 미세먼지 농도가 보통 단계 이하일 때에는 환기를 시켜도 미세먼지 농도 수치가 최저수준에서 변하지 않습니다.)

① 파란색 상태표시등이 생선구이를 한 뒤 빨간색으로 변한 것을 보면 센서가 잘 작동하는 것 같아요.

② 실내 공기가 좋은데도 불구하고 미세먼지와 초미세먼지 수치가 동일하게 표시된 것을 보면 고장이네요.

③ 미세먼지 숫자란에 54가 표시되어있는 상태로 상태표시등에 노란색 등이 켜지겠네요.

④ 환경부에서 지정한 미세먼지 보통 단계 이하일 때 환기시키면 숫자란에 00이 표시되겠군요.

40. 다음에 주어진 영유아들의 상황을 보았을 때, 입소순위가 높은 것부터 나열한 것은?

> (가) 한국인 아버지와 동남아에서 건너온 어머니에게 입양된 후 아버지를 여읜 영유아
> (나) 혈족으로는 아버지와 1살 아래 동생이 있으며, 동생과 산업 단지에 설치된 어린이집을 이용하는 영유아
> (다) 장애 1등급을 가진 아버지가 국민기초생활보장법에 의한 차상위 계층에 해당되는 한부모 가족의 영유아
> (라) 아버지, 어머니 8살 형, 7살 누나가 있지만 돌봄을 받고 있지 못한 영유아

① (나)→(다)→(라)→(가)

② (나)→(라)→(다)→(가)

③ (다)→(가)→(나)→(라)

④ (다)→(나)→(가)→(라)

41. 다음은 어느 조직의 업무 내용 일부를 나열한 자료이다. 다음에 나열된 업무 내용 중 관리 조직의 일반적인 업무 특성에 따라 인사부의 업무라고 보기 어려운 것을 모두 고르면?

> ㉠ 해외 협력사 교환근무 관련 업무
> ㉡ 임직원 출장비, 여비관련 업무
> ㉢ 상벌, 대·내외 포상관리 업무
> ㉣ 조경 및 조경시설물 유지보수
> ㉤ 인재개발원 지원 업무

① ㉠, ㉡

② ㉠, ㉢

③ ㉡, ㉤

④ ㉡, ㉣

42. 분업에 대한 설명으로 옳지 않은 것은?

① 분업의 심화는 작업도구·기계와 그 사용방법을 개선하는 데 기여할 수 있다.

② 작업전환에 드는 시간(change-over time)을 단축할 수 있다.

③ 분업이 고도화되면 조직구성원에게 심리적 소외감이 생길 수 있다.

④ 분업은 업무량의 변동이 심하거나 원자재의 공급이 불안정한 경우에 더 잘 유지된다.

43. A~E의 5개 조직 특성이 다음과 같을 때, 조직 유형이 가장 다를 것으로 판단할 수 있는 조직은?

> • A : 구성원들 간에 업무가 분명하게 규정되어 있다.
> • B : 엄격한 상하관계와 위계질서가 존재한다.
> • C : 비공식적인 의사소통이 원활하다.
> • D : 다수의 규칙과 규정이 존재한다.
> • E : 급변하는 환경에 대응이 늦다.

① A

② B

③ C

④ D

44. 국제 매너에 따른 올바른 악수 방법으로 옳지 않은 것은?

① 악수할 때는 상대방과 시선을 맞춘다.

② 왼손잡이라고 할지라도 악수는 오른손으로 한다.

③ 친근함을 표현하기 위해 두 손으로 악수하는 것이 좋다.

④ 악수할 때 손을 세게 잡고 오래 흔드는 것을 삼가야 한다.

[결재규정]

- 결재를 받으려면 업무에 대해서는 최고결정권자를 포함한 이하 직책자의 결재를 받아야 한다.
- 전결이라 함은 회사의 경영활동이나 관리활동을 수행함에 있어 의사결정이나 판단을 요하는 일에 대하여 최고결재권자의 결재를 생략하고, 자신의 책임 하에 최종적으로 의사결정이나, 판단을 하는 행위를 말한다.
- 전결사항에 대해서도 위임 받은 자를 포함한 이하 직책자의 결재를 받아야 한다.
- 표시내용 : 결재를 올리는 자는 최고결재권자로부터 전결사항을 위임 받은 자가 있는 경우 전결이라고 표시하고 최종 결재권자에 위임 받은 자를 표시한다. 다만, 결재가 불필요한 직책자의 결재란은 상향대각선으로 표시한다.
- 본 규정에서 정한 전결권자가 유고 또는 공석 시 그 직급의 직무권한은 차상급 직책자가 수행함을 원칙으로 한다.
- 각 직급은 긴급을 요하는 업무처리에 있어서 상위 전결권자의 결재를 득할 수 없을 경우 합리적인 방향으로 업무를 진행하여 차상위자의 전결로 처리하며, 사후 결재권자의 결재를 득해야 한다.
- 최고결재권자의 결재사항 및 최고결재권자로부터 위임된 전결사항은 다음의 표에 따른다.

구분	내용	금액기준	결재서류	팀장	본부장	사장
접대비	거래처 식대, 경조사비	10만 원 이하	접대비 지출품의서, 지출신청서	● ◇		
		30만 원 이하			● ◇	
		30만 원 초과				● ◇
출장비	국내 출장비	30만 원 이하	출장계획서, 출장비 신청서	● ◇		
		50만 원 이하			◇	
		50만 원 초과		●		◇
	해외 출장비			●		◇
소모품비	사무 용품비		지출결의서	◇		
	전산 소모품					◇
	기타 소모품	10만 원 이하		◇		
		30만 원 이하		◇		
		30만 원 초과				◇
법인카드	법인 카드 사용	30만 원 이하	법인카드 사용신청서			
		50만 원 이하			◇	
		50만 원 초과				◇

● : 기안서, 출장계획서, 접대비지출품의서 등
◇ : 세금계산서, 발행요청서, 각종신청서 등

45. 다음 중 위의 전결규정을 바르게 이해하지 못한 설명은?

① 접대비는 금액에 따라 전결권자가 달라진다.
② 사무용품비 지출결의서는 금액에 상관없이 팀장의 전결사항이다.
③ 팀장 전결 사항의 결재서류에는 본부장 결재란에 상향대각선을 표시한다.
④ 해외출장자는 출장계획서와 출장비신청서에 대해 팀장의 최종결재를 얻어야 한다.

46. 기술팀 권 대리는 약 45만 원이 소요되는 업무 처리 건에 대하여 법인카드를 사용하고자 한다. 권 대리가 작성해야 할 서류의 양식으로 바른 것은?

①

	법인카드사용신청서			
결재	담당	팀장	본부장	사장
	권 대리		전결	본부장

②

	법인카드사용신청서			
결재	담당	팀장	본부장	사장
	권 대리		╱	╱

③

	법인카드사용신청서			
결재	담당	팀장	본부장	사장
	권 대리	╱		전결

④

	법인카드사용신청서			
결재	담당	팀장	본부장	사장
	권 대리			전결

47. 다음은 관리조직의 일반적인 업무내용을 나타내는 표이다. 다음 표를 참고할 때, E사원은 〈보기〉와 같은 업무를 처리하기 위하여 연관되어 있는 팀만으로 나열된 것은 어느 것인가?

부서명	업무내용
총무팀	집기비품 및 소모품의 구입과 관리, 사무실 임차 및 관리, 차량 및 통신시설의 운영, 국내외 출장 업무 협조, 사내외 홍보 광고업무, 회의실 및 사무 공간 관리, 사내·외 행사 주관
인사팀	조직기구의 개편 및 조정, 업무분장 및 조정, 인력수급 계획 및 관리, 노사관리, 평가관리, 상벌관리, 인사발령, 교육체계 수립 및 관리, 임금제도, 복리후생제도 및 지원업무, 복무관리, 퇴직관리
기획팀	경영계획 및 전략 수립, 전사기획업무 종합 및 조정, 경영정보 조사 및 기획보고, 경영진단업무, 종합예산수립 및 실적관리, 단기사업계획 종합 및 조정, 사업계획, 손익추정, 실적관리 및 분석
외환팀	수출입 외화자금 회수, 외환 자산 관리 및 투자, 수출 물량 해상 보험 업무, 직원 외환업무 관련 교육 프로그램 시행, 영업활동에 따른 환차손의 관리 및 손실최소화 방안 강구
회계팀	회계제도의 유지 및 관리, 재무상태 및 경영실적 보고, 결산 관련 업무, 재무제표 분석 및 보고, 법인세, 부가가치세, 국세 지방세 업무자문 및 지원, 보험가입 및 보상업무, 고정자산 관련 업무

〈보기〉

E사원은 오늘 매우 바쁜 하루를 보내야 한다. 회사에서 중요한 회의가 있는 날이라 팀에서 막내인 E사원은 회의실을 빌려야 하고, 회의에 필요한 자료를 정리해 회의실에 비치해 두어야 한다. 또한 E사원은 곧 있을 여름휴가를 위해 휴가계를 작성해 제출해야 한다. 오후에는 이번년도와 전년도 1/4분기 경영실적 자료를 입수해 보고서를 작성해야 하고, 그 이후에는 외환업무 관련 교육 프로그램에 참여해야 한다.

① 인사팀, 기획팀

② 총무팀, 기획팀, 회계팀

③ 총무팀, 인사팀, 기획팀, 회계팀

④ 총무팀, 인사팀, 회계팀, 외환팀

48. 다음은 W사의 경력평정에 관한 규정의 일부이다. 다음 중 규정을 올바르게 이해하지 못한 설명은 어느 것인가?

제15조(평정기준)
직원의 경력평정은 회사의 근무경력으로 평정한다.
제16조(경력평정 방법)
① 평정기준일 현재 근무경력이 6개월 이상인 직원에 대하여 별첨 서식에 의거 기본경력과 초과경력으로 구분하여 평정한다.
② 경력평정은 당해 직급에 한하되 기본경력과 초과경력으로 구분하여 평정한다.
③ 기본경력은 3년으로 하고, 초과경력은 기본경력을 초과한 경력으로 한다.
④ 당해 직급에 해당하는 휴직, 직위해제, 정직기간은 경력기간에 산입하지 아니한다.
⑤ 경력은 1개월 단위로 평정하되, 15일 이상은 1개월로 계산하고, 15일 미만은 산입하지 아니한다.
제17조(경력평정 점수)
평가에 의한 경력평정 총점은 30점으로 하며, 다음 각 호의 기준으로 평정한다.
① 기본경력은 월 0.5점씩 가산하여 총 18점을 만점으로 한다.
② 초과경력은 월 0.4점씩 가산하여 총 12점을 만점으로 한다.
제18조(가산점)
① 가산점은 5점을 만점으로 한다.
  • 정부포상 및 자체 포상 등(대통령 이상 3점, 총리 2점, 장관 및 시장 1점, 사장 1점, 기타 0.5점)
  • 회사가 장려하는 분야에 자격증을 취득한 자(자격증의 범위와 가점은 사장이 정하여 고시한다)
② 가산점은 당해 직급에 적용한다.

① 과장 직급으로 3년간 근무한 자가 대통령상을 수상한 경우, 경력평정 점수는 21점이다.

② 주임 직급 시 정직기간이 2개월 있었으며, 장관상을 수상한 자가 대리 근무 2년을 마친 경우 경력평정 점수는 12점이다.

③ 차장 직급으로 4년 14일 근무한 자의 경력평정 점수는 23.2점이다.

④ 차장 직책인 자는 과장 시기의 경력을 인정받을 수 없다.

| 49~50 | 다음은 어느 회사의 사내 복지 제도와 지원내역에 관한 자료이다. 물음에 답하시오.

〈2020년 사내 복지 제도〉

주택 지원
주택구입자금 대출
전보자 및 독신자를 위한 합숙소 운영

자녀학자금 지원
중고생 전액지원, 대학생 무이자융자

경조사 지원
사내근로복지기금을 운영하여 각종 경조금 지원

기타
사내 동호회 활동비 지원
상병 휴가, 휴직, 4대보험 지원
생일 축하금(상품권 지급)

〈2020년 1/4분기 지원 내역〉

이름	부서	직위	내역	금액(만원)
김민준	총무팀	과장	대학생 학자금 무이자융자	–
박민지	편집팀	대리	부친상	20
박서준	기획팀	사원	본인 결혼	20
이솔아	디자인팀	대리	생일(상품권 지급)	10
이예준	마케팅팀	차장	고등학생 학자금 전액지원	200
조수아	재무팀	대리	독신자 합숙소 지원	–
서지후	영업팀	대리	휴직(병가)	–
홍서현	인사팀	사원	사내 동호회 활동비 지원	15
김시우	물류팀	부장	주택구입자금 대출	–
박하린	전산팀	인턴	사내 동호회 활동비 지원	15

49. 인사팀에서 근무하고 있는 사원 C씨는 2020년 1분기에 지원을 받은 사원들을 정리했다. 다음 중 분류가 잘못된 사원은?

구분	이름
주택 지원	조수아, 김시우
자녀학자금 지원	김민준, 이예준
경조사 지원	박민지, 박서준, 이솔아
기타	서지후, 홍서현, 박하린

① 조수아
② 이예준
③ 박민지
④ 이솔아

50. 사원 C씨는 위의 복지제도와 지원 내역을 바탕으로 2분기에도 사원들을 지원하려고 한다. 지원한 내용으로 옳지 않은 것은?

① 이예준 차장이 모친상을 당해서 경조금 20만원을 지원하였다.
② 박서준 사원이 동호회에 참여하게 되어서 활동비 15만원을 지원하였다.
③ 박하린 인턴이 생일이라 상품권 10만원을 지원하였다.
④ 홍서현 사원이 병가로 인한 휴가를 내서 휴가비 5만원을 지원하였다.

1. 다음 제시된 단어의 관계가 반의 관계인 것은?

① 어머니 – 모친
② 빵 – 크루아상
③ 총각 – 처녀
④ 무용 – 춤

2. 다음을 읽고 ㉠에 들어갈 말로 적절한 것은?

관련성의 격률 : 관련성 있게 말하라.
〈예〉
A : 어제 저녁에는 뭐했어?
B : (㉠   )

① 오늘은 날씨가 안 좋아서 못 나가겠다.
② 어제 언니랑 영화 봤어.
③ 그냥 혼자 가는 게 어때?
④ 내가 오늘이 그 날이라고 말했던가?

3. 다음 중 단어의 형성 원리가 다른 것은?

① 배갯잇
② 헛웃음
③ 작은형
④ 눈물

4. 다음은 한글 맞춤법 제1장 총칙에 대한 내용이다. ㉠과 ㉡에 들어갈 말로 알맞은 것은?

한글 맞춤법은 표준어를 (㉠)대로 적되, (㉡)에 맞도록 함을 원칙으로 한다.

① ㉠ : 소리 ㉡ : 어법
② ㉠ : 발음 ㉡ : 문법
③ ㉠ : 어법 ㉡ : 소리
④ ㉠ : 문법 ㉠ : 발음

5. 다음 〈보기〉의 규칙이 적용된 예시로 적절하지 않은 것은?

한자음 '녀, 뇨, 뉴, 니'가 단어 첫머리에 올 적에는, 두음 법칙에 따라 '여, 요, 유, 이'로 적는다.
단, 접두사처럼 쓰이는 한자가 붙어서 된 말이나 합성어에서는 뒷말의 첫소리가 'ㄴ'으로 나더라도 두음법칙에 따라 적는다.

① 남존여비   ② 신여성
③ 만년   ④ 신연도

6. 다음 중 밑줄 친 단어의 의미가 다른 것은?

① 유리는 손이 곱다는 칭찬을 줄곧 들어왔다.
② 찬바람에 손가락이 곱아 짐은커녕 아이도 들 수 없었다.
③ 고운 사람은 멱 씌워도 곱다.
④ 뒷마당에는 붉은 동백꽃이 곱게 피었다.

7. 다음 제시된 단어 중 사이시옷을 적을 수 있는 것은?

① 위＋층   ② 대＋잎
③ 인사＋말   ④ 전세＋방

8. 다음에서 설명하는 훈민정음 제자 원리에 해당하는 것은?

'ㄱ, ㄷ, ㅂ, ㅅ, ㅈ, ㅎ' 등을 가로로 나란히 써서 'ㄲ, ㄸ, ㅃ, ㅆ, ㅉ, ㆅ'을 만드는 것인데, 필요한 경우에는 'ㅺ, ㅼ, ㅽ, ㅳ, ㅄ, ㅲ, ㅴ, ㅵ'등도 만들어 썼다.

① 象形   ② 加畫
③ 並書   ④ 連書

9. 다음 중 훈민정음에 대한 설명으로 옳지 않은 것은?

① 훈민정음은 '예의'와 '해례'로 구성되어 있다.
② '예의'에 실린 정인지서에서 훈민정음의 취지를 알 수 있다.
③ 훈민정음 세종의 어지를 통해 애민정신을 느낄 수 있다.
④ 상형의 원리를 이용하여 제자되었다.

49. 코로나 19의 확산으로 일상에 큰 변화가 닥치면서 생긴 우울감이나 무기력증을 의미하는 용어로, 코로나19와 우울감이 합쳐진 신조어는?

① 코로나 레드

② 코로나 블루

③ 사회적 거리두기

④ 불안장애

50. 가장 높은 시청률과 청취율을 유지하여 비싼 광고비를 지불해야 하는 방송 시간대를 일컫는 말은?

① 콜 타임

② 프라임 타임

③ 랩 타임

④ 퀵 타임

부산교통공사

운영직

	영 역	직업기초능력평가, 일반상식
제 2 회	문항수	총 100문항
	시 간	100분
	비 고	객관식 4지선다형

SEOWONGAK
(주)서원각

제2회 기출동형 모의고사

✍ **직업기초능력**

1. 다음 밑줄 친 한자어의 음으로 옳은 것은?

> 재해를 당한 농민에게는 조세를 <u>減免</u>해 주었다.

① 감액　　　　　　② 감면
③ 절감　　　　　　④ 절약

2. 다음 제시된 낱말의 대응 관계로 볼 때 빈칸에 들어가기에 알맞은 것을 고르시오.

> 기쁨 : 즐거움 = 결핍 : (　　)

① 충족　　　　　　② 궁핍
③ 만족　　　　　　④ 행복

3. 〈보기〉를 참조할 때, ㉠과 유사한 예로 볼 수 없는 것은?

> 어머니가 세탁기 버튼을 눌러 놓고는 텔레비전 드라마를 보고 있다. 우리가 이러한 모습을 볼 수 있는 이유는 바로 전자동 세탁기의 등장 때문이다. 전자동 세탁기는 세탁조 안에 탈수조가 있으며 탈수조 바닥에는 물과 빨랫감을 회전시키는 세탁판이 있다. 그리고 세탁조 밑에 클러치가 있는데, 클러치는 모터와 연결되어 있어서 모터의 힘을 세탁판이나 탈수조에 전달한다. 마이크로 컴퓨터는 이 장치들을 제어하여 빨래를 하게 한다. 그렇다면 빨래로부터 주부들의 ㉠손을 놓게 한 전자동 세탁기는 어떻게 빨래를 하는가?

> 〈보기〉
> ㉠은 '손(을)'과 '놓다'가 결합하여, 각 단어가 지닌 원래 의미와는 다른 새로운 의미, 즉 '하던 일을 그만두거나 잠시 멈추다.'의 뜻을 나타낸다. 이렇게 두 개 이상의 단어가 만나 새로운 의미를 가지는 경우가 있다.

① 어제부터 모두들 그 식당에 발을 <u>끊었다</u>.
② 조용히 <u>눈을 감고</u> 미래의 자신의 모습을 생각했다.
③ 결국은 결승전에서 우리 편이 <u>무릎을 꿇었다</u>.
④ 장에 가신 아버지가 오시기를 <u>목을 빼고</u> 기다렸다.

4. 다음 글의 밑줄 친 ㉠~㉣ 중 의미상 어색하지 않은 것은?

> 저소득층을 비롯한 취약가구에 대한 에너지 지원사업은 크게 소득지원, 가격할인, 효율개선 등의 세 가지 ㉠범위로 구분할 수 있으며, 현재 다양한 사업들이 시행되고 있다. 에너지 지원사업의 규모도 지속적으로 확대되어 왔는데, 최근 에너지 바우처 도입으로 현재 총 지원규모는 연간 5천억 원을 넘는 것으로 ㉡추정된다. 이처럼 막대한 지원규모에도 불구하고 에너지 지원사업의 성과를 종합적으로 평가할 수 있는 지표는 부재한 실정이다. 그동안 에너지복지와 관련된 연구의 대부분은 기존 지원사업의 문제점을 검토하고 개선방안을 ㉢표출하거나, 필요한 새로운 사업을 개발하고 설계하는 데 중점을 두고 시행되어 왔다. 에너지 지원사업의 효과와 효율성을 제고하기 위해서는 에너지복지의 상태는 어떠한지 그리고 지원사업을 통해 어떤 성과가 있었는지를 체계적이고 합리적으로 평가할 수 있는 다양한 지표의 개발이 필요함에도 불구하고, 이러한 분야에 대한 연구는 상대적으로 ㉣미비하였던 것이 사실이다.

① ㉠　　　　　　② ㉡
③ ㉢　　　　　　④ ㉣

5. 다음 중 밑줄 친 단어의 맞춤법이 옳은 문장은?

① 하늘이 뚫린 것인지 <u>몇 날 몇 일</u>을 기다려도 비는 그치지 않았다.
② 스승이란 모름지기 제자들의 마음을 어루만져 줄 수 있는 사람이 <u>되야</u> 한다.
③ 신제품을 <u>선뵀어도</u> 매출에는 큰 영향이 없을 것이다.
④ 나는 미로처럼 <u>얽히고설킨</u> 비탈길을 몇 번이고 오르락내리락했다.

〈2020년 친환경농산물 직거래 지원사업〉

농협경제지주에서 친환경농식품 취급업체의 직거래 구매·판매장 개설을 위한 융자 지원을 실시합니다. 이를 통해 친환경농식품의 안정적인 판로 확대 및 수급조절·가격안정에 기여하고, 궁극적으로 ㉠소비자의 친환경농산물 구매 접근성을 향상시킬 수 있기를 기대합니다.

1. 지원 조건

구분	고정금리		변동금리
	운영	시설	('20. 1월 기준)
농업회사법인, 영농조합법인	2.5%	2.0%	1.27%
농협, 일반법인	3.0%		2.27%

2. 사업 의무량
① 운영 : 대출액의 125% 이상 국내산 친환경농식품 직거래 구매
② 시설 : 매장 임차보증금 및 시설 설치비용이 대출액의 125% 이상

3. 사업 대상자
친환경농식품 직거래사업에 참여 희망하는 생산자단체, 소비자단체, 전문유통업체, 유기 및 무농약원료 가공식품업체, 전자상거래사업자, 개인사업자 등

4. 지원자격 및 요건
① 생산자단체, 소비자단체, 전문유통업체의 경우 설립목적 또는 사업이 친환경농식품 유통에 부합되고, 친환경농식품을 ㉡산지에서 직구매하여 소비지에 직판하는 등 직거래사업을 추진하는 법인 및 단체
② 유기 및 무농약원료 가공식품업체의 경우 친환경농식품을 산지에서 직구매하여 유기 및 무농약원료 가공식품을 생산하는 업체
③ 전자상거래 사업자의 경우 상품의 주문·㉢결제 등 상거래의 주요 부분 중 일부 또는 전부를 인터넷 공간에서 판매하는 업체
④ 신청제한
 －한국농수산식품유통공사에서 '친환경농산물직거래지원자금'을 지원받고자 하는 업체
 －한국신용정보원에 연체 정보, ㉣대위변제·대지급 정보, 부도 정보, 관련인 정보, 금융질서 문란 정보 및 부실신용 관련 공공기록 정보가 등록된 자

6. 위 공고문에 대한 이해로 적절하지 않은 것은?

① 타 기관에서 동일한 성격의 지원자금을 받고자 하는 업체는 농협경제지주의 지원을 중복해서 받을 수 없다.
② 친환경농식품을 산지에서 직구매하는 사업자만 지원사업에 신청할 수 있다.
③ 지원사업에 참여하는 사업자에게는 대출액 125% 이상에 해당하는 사업 의무량이 주어진다.
④ 변동금리에 대해서는 '운영'과 '시설' 부문 구분에 따른 금리 차이가 없다.

7. ㉠~㉣에 대한 설명 중 적절하지 않은 것은?

① ㉠은 '소비자들이 손쉽게 친환경농산물을 구매할 수 있기를'과 같이 쓸 수 있다.
② ㉡의 한자는 '産地'로 쓴다.
③ ㉢은 '증권 또는 대금을 주고받아 매매 당사자 사이의 거래 관계를 끝맺는 일'을 뜻하는 단어가 적절하므로 '결재'로 고친다.
④ ㉣은 '제삼자가 다른 사람의 법률적 지위를 대신하여 그가 가진 권리를 얻거나 행사하는 일'을 뜻한다.

8. 다음은 아래 기사문을 읽고 나눈 직원들의 대화이다. 대화의 흐름상 빈칸에 들어갈 말로 가장 적절한 것은 어느 것인가?

영양과 칼로리 면에서 적절한 식량 공급보다 인간의 건강과 복지에 더 중요한 것은 없다. 지난 50년 동안 세계 인구의 상당 부분이 영양실조를 겪었지만 식량 확보에 실패한 것은 생산보다는 분배의 문제였다. 실제로 지난 50년 동안 우리는 주요 작물의 잉여를 경험했다. 이로 인해 많은 사람들이 식량 부족에 대해 걱정하지 않게 되었다. 2013년에 생산된 수백만 톤의 가장 중요한 주요 식량은 옥수수(1,018 Mt), 논 쌀(746 Mt), 밀(713 Mt), 대두(276 Mt)였다. 이 네 가지 작물은 전 세계적으로 소비되는 칼로리의 약 2/3를 차지한다. 더욱이, 이들 작물 각각에 대한 토지 단위 면적당 평균 수확량은 1960년 이후 두 배 이상 증가했다. 그렇다면 지금 왜 식량 안보에 대해 걱정해야 할까? 한 가지 이유는 주요 작물의 이러한 전 세계적인 잉여물로 인해 식물 과학 연구 및 작물 개선에 대한 관심이 점진적으로 줄어들었기 때문이다. 이는 세계적인 수준으로 나타났다. 그러나 이러한 무관심은 현재의 세계 인구 및 식량 소비 경향에 직면하여 근시안적이다. 전 세계 인구는 오늘날 70억 명에서 2050년 95억 명까지 증가할 것으로 예상된다. 인구가 증가하는 곳은 주로 도시가 될 것이고, 식단이 구황 작물에서 가공 식품으로 점차 바뀌게 될 것이다. 그러면 많은 육류 및 유제품이 필요하고 그보다 더 많은 사료가 필요하다. 예를 들어 1kg의 소를 생산하기 위해서는 10kg의 사료가 필요하다. 도시 인구의 증가는 동물성 식품에 대한 수요 증가를 가져오고 예상되는 인구 증가에만 기초하여 추정된 것보다 훨씬 빠른 작물 생산량의 증가를 요구할 것이다. 이 추세는 계속될 것으로 예상되며, 세계는 2013년 대비 2050년까지 85% 더 많은 기본 식료품이 필요할 것으로 예측된다.

A : 식량 문제가 정말 큰일이군. 이러다가 대대적인 식량난에 직면하게 될 지도 모르겠다.
B : 현재의 기술로 농작물 수확량을 증가시키면 큰 문제는 없지 않을까?
A : 문제는 (   )
B : 그래서 생산보다 분배가 더 문제라는 거구나.

① 과학기술이 수요량을 따라가지 못할 거라는 점이야.
② 인구의 증가가 너무 빠른 속도로 진행되고 있다는 사실이야.
③ 지구의 일부 지역에서는 농작물 수확량 향상 속도가 정체될 거라는 사실이지.
④ 지구의 모든 지역에서 식량 소비 속도가 동일하지는 않다는 점이지.

9. 다음 제시된 글의 주제로 가장 적합한 것은?

만약 영화관에서 영화가 재미없다면 중간에 나오는 것이 경제적일까, 아니면 끝까지 보는 것이 경제적일까? 아마 지불한 영화 관람료가 아깝다고 생각한 사람은 영화가 재미없어도 끝까지 보고 나올 것이다. 과연 그러한 행동이 합리적일까? 영화관에 남아서 영화를 계속 보는 것은 영화관에 남아 있으면서 기회비용을 포기하는 것이다. 이 기회비용은 영화관에서 나온다면 할 수 있는 일들의 가치와 동일하다. 영화관에서 나온다면 할 수 있는 유용하고 즐거운 일들은 얼마든지 있으므로, 영화를 계속 보면서 치르는 기회비용은 매우 크다고 할 수 있다. 결국 영화관에 남아서 재미없는 영화를 계속 보는 행위는 더 큰 기회와 잠재적인 이익을 포기하는 것이므로 합리적인 경제 행위라고 할 수 없다.

경제 행위의 의사 결정에서 중요한 것은 과거의 매몰비용이 아니라 현재와 미래의 선택기회를 반영하는 기회비용이다. 매몰비용이 발생하지 않도록 신중해야 한다는 교훈은 의미가 있지만 이미 발생한 매몰비용, 곧 돌이킬 수 없는 과거의 일에 얽매이는 것은 어리석은 짓이다. 과거는 과거일 뿐이다. 지금 얼마를 손해 보았는지가 중요한 것이 아니라, 지금 또는 앞으로 얼마나 이익을 또는 손해를 보게 될지가 중요한 것이다. 매몰비용은 과감하게 잊어버리고, 현재와 미래를 위한 삶을 살 필요가 있다. 경제적인 삶이란, 실패한 과거에 연연하지 않고 현재를 합리적으로 사는 것이기 때문이다.

① 돌이킬 수 없는 과거의 매몰비용에 얽매이는 것은 어리석은 짓이다.
② 경제 행위의 의사결정에서 중요한 것은 미래의 선택기회를 반영하는 기회비용이다.
③ 매몰비용은 과감하게 잊어버리고, 기회비용을 고려할 필요가 있다.
④ 실패한 과거에 연연하지 않고 현재를 합리적으로 사는 경제적인 삶을 살아가는 것이 중요하다.

10. 다음 글을 참고할 때, '깨진 유리창의 법칙'이 시사하는 바로 가장 적절한 설명은 무엇인가?

1969년 미국 스텐포드 대학의 심리학자인 필립 짐바르도 교수는 아주 흥미로운 심리실험을 진행했다. 범죄가 자주 발생하는 골목을 골라 새 승용차 한 대를 보닛을 열어놓은 상태로 방치시켰다. 일주일이 지난 뒤 확인해보니 그 차는 아무런 이상이 없었다. 원상태로 보존된 것이다. 이번에는 똑같은 새 승용차를 보닛을 열어놓고, 한쪽 유리창을 깬 상태로 방치시켜 두었다. 놀라운 일이 벌어졌다. 불과 10분이 지나자 배터리가 없어지고 차 안에 쓰레기가 버려져 있었다. 시간이 지나면서 낙서, 도난, 파괴가 연이어 일어났다. 1주일이 지나자 그 차는 거의 고철상태가 되어 폐차장으로 실려 갈 정도가 되었던 것이다. 훗날 이 실험결과는 '깨진 유리창의 법칙'이라는 이름으로 불리게 된다.

1980년대의 뉴욕 시는 연간 60만 건 이상의 중범죄가 발생하는 범죄도시로 악명이 높았다. 당시 여행객들 사이에서 '뉴욕의 지하철은 절대 타지 마라'는 소문이 돌 정도였다. 미국 라토 가스 대학의 겔링 교수는 '깨진 유리창의 법칙'에 근거하여, 뉴욕 시의 지하철 흉악 범죄를 줄이기 위한 대책으로 낙서를 철저하게 지울 것을 제안했다. 낙서가 방치되어 있는 상태는 창문이 깨져있는 자동차와 같은 상태라고 생각했기 때문이다.

① 범죄는 대중교통 이용 공간에서 발생확률이 가장 높다.
② 문제는 확인되기 전에 사전 단속이 중요하다.
③ 작은 일을 철저히 관리하면 큰 사고를 막을 수 있다.
④ 낙서는 가장 핵심적인 범죄의 원인이 된다.

|11~12| 일정한 규칙으로 숫자들이 나열되어 있다. 빈칸에 들어갈 알맞은 숫자는?

11.

55	10		51	6
40	25	→	( )	21

① 30   ② 32
③ 34   ④ 36

12.

78 86 92 94 98 106 ( )

① 110   ② 112
③ 114   ④ 116

13. 입구부터 출구까지의 총 길이가 840m인 터널을 열차가 초속 50m의 속도로 달려 열차가 완전히 통과할 때까지 걸린 시간이 25초라고 할 때, 이보다 긴 1,400m의 터널을 동일한 열차가 동일한 속도로 완전히 통과하는 데 걸리는 시간은 얼마인가?

① 34.5초   ② 35.4초
③ 36.2초   ④ 36.8초

14. N사의 공장 앞에는 '가로 20m×세로 15m' 크기의 잔디밭이 조성되어 있다. 시청에서는 이 잔디밭의 가로, 세로 길이를 동일한 비율로 확장하여 새롭게 잔디를 심었는데 새로운 잔디밭의 총 면적은 432m² 였다. 새로운 잔디밭의 가로, 세로의 길이는 순서대로 얼마인가?

① 24m, 18m   ② 23m, 17m
③ 22m, 16.5m   ④ 21.5m, 16m

15. 다음은 한국과 3개국의 교역량을 나타낸 표이다. 이를 잘못 해석한 것을 고르면?

(단위 : 백만 달러)

국가	항목	1988	1998	2008
칠레	수출액	153	567	3,032
	수입액	208	706	4,127
이라크	수출액	42	2	368
	수입액	146	66	4,227
이란	수출액	131	767	4,342
	수입액	518	994	9,223

① 2008년에 칠레와 이라크로부터 수입한 금액보다 이란과의 거래에서 발생한 수입액이 더 많다.
② 교역량에서 감소율을 보인 교역 대상국가는 이라크뿐이다.
③ 1998년 칠레 교역에서 수입액은 1988년에 비해 240%에 가까운 증가율을 보였다.
④ 칠레와의 교역에서 무역적자에서 무역흑자로 전환된 적이 있다.

16. 다음은 서울 시민의 '이웃에 대한 신뢰도'를 나타낸 자료이다. 다음 자료를 올바르게 분석하지 못한 것은 어느 것인가?

(단위 : %, 10점 만점)

구분		신뢰하지 않음(%)	보통(%)	신뢰함(%)	평점
전체		18.9	41.1	40.0	5.54
성	남성	18.5	42.2	39.3	5.54
	여성	19.2	40.1	40.7	5.54
연령	10대	22.6	38.9	38.5	5.41
	20대	21.8	41.6	36.5	5.35
	30대	18.9	42.8	38.2	5.48
	40대	18.8	42.4	38.8	5.51
	50대	17.0	42.0	41.1	5.65
	60세 이상	17.2	38.2	44.6	5.70

① 서울 시민 10명 중 4명은 이웃을 신뢰한다.

② 이웃을 신뢰하는 사람의 비중과 평점의 연령별 증감 추이는 동일하지 않다.

③ 20대 이후 연령층에서는 고령자일수록 이웃을 신뢰하는 사람의 비중이 더 높다.

④ 평점에서는 성별에 따른 차이가 없으나, 이웃을 신뢰하는 사람의 비중에서 남성이 1%p 이상 낮다.

│17~18│ 다음 자료를 읽고 이어지는 물음에 답하시오.

증여세는 타인으로부터 무상으로 재산을 취득하는 경우, 취득자에게 무상으로 받은 재산가액을 기준으로 하여 부과하는 세금이다. 특히, 증여세 과세대상은 민법상 증여뿐만 아니라 거래의 명칭, 형식, 목적 등에 불구하고 경제적 실질이 무상 이전인 경우 모두 해당된다. 증여세는 증여받은 재산의 가액에서 증여재산 공제를 하고 나머지 금액(과세표준)에 세율을 곱하여 계산한다.

증여재산−증여재산공제액=과세표준
과세표준×세율=산출세액

증여가 친족 간에 이루어진 경우 증여받은 재산의 가액에서 다음의 금액을 공제한다.

증여자	공제금액
배우자	6억 원
직계존속	5천만 원
직계비속	5천만 원
기타친족	1천만 원

수증자를 기준으로 당해 증여 전 10년 이내에 공제받은 금

액과 해당 증여에서 공제받을 금액의 합계액은 위의 공제금액을 한도로 한다.

또한, 증여받은 재산의 가액은 증여 당시의 시가로 평가되며, 다음의 세율을 적용하여 산출세액을 계산하게 된다.

〈증여세 세율〉

과세표준	세율	누진공제액
1억 원 이하	10%	−
1억 원 초과~5억 원 이하	20%	1천만 원
5억 원 초과~10억 원 이하	30%	6천만 원
10억 원 초과~30억 원 이하	40%	1억 6천만 원
30억 원 초과	50%	4억 6천만 원

※ 증여세 자진신고 시 산출세액의 7% 공제함

17. 위에 증여세 관련 자료를 참고할 때, 다음 〈보기〉와 같은 세 가지 경우에 해당하는 증여재산 공제액의 합은 얼마인가?

〈보기〉
• 어머니로부터 여러 번에 걸쳐 2천만 원 이상 재산을 증여받은 경우
• 성인 딸이 아버지와 어머니로부터 각각 2천만 원 이상 재산을 증여받은 경우
• 어머니와 이모로부터 2천만 원 이상 재산을 증여받은 경우

① 7천만 원

② 1억 원

③ 1억 2천만 원

④ 1억 6천만 원

18. 성년인 고미리 씨는 어머니로부터 5억 7천만 원의 현금을 증여받게 되어, 증여세 납부 고지서를 받기 전 스스로 증여세를 납부하고자 세무사를 찾아 갔다. 세무사가 계산해 준 고미리 씨의 증여세 납부액은 얼마인가?

① 8,326만 원

② 8,478만 원

③ 8,827만 원

④ 8,928만 원

19. 다음은 2015~2019년까지의 고용동향을 나타내는 표이다. 다음 설명 중 옳지 않은 것을 고르면?

(단위 : 천명)

	15세 이상 인구			
	경제활동인구			비경제 활동인구
		취업자	실업자	
2015	43,239	27,153	26,178	976	16,086
2016	43,606	27,418	26,409	1,009	16,187
2017	43,931	27,748	26,725	1,023	16,183
2018	44,182	27,895	26,822	1,073	16,287
2019	44,504	28,186	27,123	1,063	16,318

① 2017년의 비경제활동인구수는 2016년의 비경제활동인구수보다 작다.

② 2019년의 실업자수는 2018년의 실업자수보다 작다.

③ 2015년의 취업자수는 같은 해 실업자수의 비해 27배 이상 많다.

④ 2015년부터 취업자수는 계속 증가하고 있다.

20. 다음 표는 어느 회사의 공장별 제품 생산 및 판매 실적에 대한 자료이다. 이에 대한 설명으로 옳지 않은 것은?

(단위 : 대)

공장	2019년 12월	2019년 전체	
	생산 대수	생산 대수	판매 대수
A	25	586	475
B	21	780	738
C	32	1,046	996
D	19	1,105	1,081
E	38	1,022	956
F	39	1,350	1,238
G	15	969	947
H	18	1,014	962
I	26	794	702

※ 2020년 1월 1일 기준 재고 수=2019년 전체 생산 대수−2019년 전체 판매 대수

※ 판매율(%)= $\frac{판매 대수}{생산 대수} \times 100$

※ 2019년 1월 1일부터 제품을 생산·판매하였음

① 2020년 1월 1일 기준 재고 수가 가장 적은 공장은 G공장이다.

② 2020년 1월 1일 기준 재고 수가 가장 많은 공장의 2019년 전체 판매율은 90% 이상이다.

③ 2019년 12월 생산 대수가 가장 많은 공장과 2020년 1월 1일 기준 재고 수가 가장 많은 공장은 동일하다.

④ I공장의 2019년 전체 판매율은 90% 이상이다.

21. 두 가지 직업을 동시에 가지는 사람들(일명 투잡)이 최근에 많아졌다. 지은, 수정, 효미는 각각 두 가지씩 직업을 가지고 있는데 직업의 종류는 은행원, 화가, 소설가, 교사, 변호사, 사업가 6가지이다. 세 명에 대하여 다음 사항을 알고 있을 때, 효미의 직업은 무엇인가?

| ㉠ 사업가는 은행원에게 대출 절차를 상담하였다. |
| ㉡ 사업가와 소설가와 지은이는 같이 골프를 치는 친구이다. |
| ㉢ 화가는 변호사에게서 법률적인 충고를 받았다. |
| ㉣ 은행원은 화가의 누이동생과 결혼하였다. |
| ㉤ 수정은 소설가에게서 소설책을 빌렸다. |
| ㉥ 수정과 효미는 화가와 어릴 때부터 친구였다. |

① 교사, 소설가
② 은행원, 소설가
③ 변호사, 사업가
④ 교사, 변호사

22. A 부서에서는 새로운 프로젝트를 위해 팀을 꾸리고자 한다. 이 부서에는 남자 직원 세현, 승훈, 영수, 준원 4명과 여자 직원 보라, 소희, 진아 3명이 소속되어 있다. 아래의 조건에 따라 이들 가운데 4명을 뽑아 프로젝트 팀에 포함시키려 한다. 다음 중 옳지 않은 것은?

〈조건〉
• 남자 직원 가운데 적어도 한 사람은 뽑아야 한다.
• 여자 직원 가운데 적어도 한 사람은 뽑지 말아야 한다.
• 세현, 승훈 중 적어도 한 사람을 뽑으면, 준원과 진아도 뽑아야 한다.
• 영수를 뽑으면, 보라와 소희는 뽑지 말아야 한다.
• 진아를 뽑으면, 보라도 뽑아야 한다.

① 남녀 동수로 팀이 구성된다.

② 영수와 소희 둘 다 팀에 포함되지 않는다.

③ 승훈과 세현은 함께 프로젝트 팀에 포함될 수 있다.

④ 준원과 보라 둘 다 팀에 포함된다.

23. N사의 가, 나, 다, 라 팀은 출장지로 이동하는데, 각 팀별로 움직이려고 한다. 동일 출장지로 운항하는 5개의 항공사별 수하물 규정은 다음과 같다. 다음 규정을 참고할 때, 각 팀에서 판단한 것으로 옳지 않은 것은?

〈항공사별 수하물 규정〉

	화물용	기내 반입용
갑 항공사	A+B+C=158cm 이하, 각 23kg, 2개	A+B+C=115cm 이하, 10kg~12kg, 2개
을 항공사		A+B+C=115cm 이하, 10kg~12kg, 1개
병 항공사	A+B+C=158cm 이하, 20kg, 1개	A+B+C=115cm 이하, 7kg~12kg, 2개
정 항공사	A+B+C=158cm 이하, 각 20kg, 2개	A+B+C=115cm 이하, 14kg 이하, 1개
무 항공사		A+B+C=120cm 이하, 14kg~16kg, 1개

* A, B, C는 가방의 가로, 세로, 높이의 길이를 의미함.

① '가' 팀 : 기내 반입용 가방이 최소한 2개가 되어야 하니 일단 '갑 항공사', '병 항공사'밖엔 안 되겠군.

② '나' 팀 : 가방 세 개 중 A+B+C의 합이 2개는 155cm, 1개는 118cm이니 '무 항공사' 예약상황을 알아봐야지.

③ '다' 팀 : 무게로만 따지면 '병 항공사'보다 '을 항공사'를 이용하면 더 많은 짐을 가져갈 수 있겠군.

④ '라' 팀 : 가방의 총 무게가 55kg을 넘어갈 테니 반드시 '갑 항공사'를 이용해야겠네.

24. 다음 〈상황〉과 〈자기소개〉를 근거로 판단할 때 옳지 않은 것은?

〈상황〉

5명의 직장인(A~E)이 커플 매칭 프로그램에 참여했다.
1) 남성이 3명이고 여성이 2명이다.
2) 5명의 나이는 34세, 32세, 30세, 28세, 26세이다.
3) 5명의 직업은 의사, 간호사, TV드라마감독, 라디오작가, 요리사이다.
4) 의사와 간호사는 성별이 같다.
5) 라디오작가는 요리사와 매칭 된다.
6) 남성과 여성의 평균 나이는 같다.
7) 한 사람당 한 명의 이성과 매칭이 가능하다.

〈자기소개〉

A : 안녕하세요. 저는 32세이고 의료 관련 일을 합니다.
B : 저는 방송업계에서 일하는 남성입니다.
C : 저는 20대 남성입니다.
D : 반갑습니다. 저는 방송업계에서 일하는 여성입니다.
E : 제가 이 중 막내네요. 저는 요리사입니다.

① TV드라마감독은 B보다 네 살이 많다.

② 의사와 간호사 나이의 평균은 30세이다.

③ D는 의료계에서 일하는 두 사람 중 나이가 적은 사람보다 두 살 많다.

④ A의 나이는 방송업계에서 일하는 사람들 나이의 평균과 같다.

┃25~26┃ 다음은 N사의 월간 일정표이다. 이어지는 각 물음에 답하시오.

〈9월 일정표〉

일	월	화	수	목	금	토
		1	2 선진농업 마스터클라스 입찰 공고	3	4	5
6	7 주간 업무계획 보고	8 스마트상담센터 구축 업무 회의(2)	9	10	11 선진농업 마스터클라스 입찰 업무	12
13	14 주간 업무계획 보고	15	16	17 한우 홍보용품 제작 및 발송(3)	18	19
20	21 주간 업무계획 보고	22 스마트농업 전략 회의	23	24	25 스마트상담센터 구축 업무	26
27	28 주간 업무계획 보고	29	30			

※ 주말 근무는 없으며, 괄호 안의 숫자는 해당 일정을 수행하는 데 소요되는 기간을 의미한다.

〈업무 분장〉

1) 기획팀 : 선진농업 마스터클라스 관련 업무, 스마트농업 관련 업무
2) IT기획팀 : 스마트상담센터 관련 업무
3) 미래경영연구팀 : 스마트농업 관련 업무
4) 고객홍보팀 : 한우 홍보용품 제작 및 발송, 스마트상담센터 관련 업무

* 팀장은 해당 팀의 업무 수행 외에 매주 월요일 회의에서 주간 업무계획을 보고한다.

25. 9월 일정표에 따를 때 고객홍보팀장은 IT기획팀장과 업무상 만남을 (㉠)일, 기획팀장은 미래경영연구팀장과 (㉡)일 가지게 된다. ㉠과 ㉡에 들어갈 숫자로 옳은 것은?

	㉠	㉡
①	5	7
②	7	5
③	3	2
④	2	3

26. 기획팀과 IT기획팀이 1박 2일로 함께 워크숍을 가려고 한다. 다음 중 워크숍 출발 날짜로 적절한 것은? (각 팀의 업무가 있는 날과 주말은 제외한다.)

① 9월 1일

② 9월 10일

③ 9월 17일

④ 9월 24일

27. 다음과 같은 상황과 조건을 바탕으로 할 때, A가 오늘 아침에 수행한 아침 일과에 포함될 수 없는 것은?

- A는 오늘 아침 7시 20분에 기상하여 25분 후인 7시 45분에 집을 나섰다. A는 주어진 25분을 모두 아침 일과를 쉼 없이 수행하는 데 사용했다.
- 아침 일과를 수행하는 데 정해진 순서는 없으며, 같은 아침 일과를 두 번 이상 수행하지 않는다.
- 단, 머리를 감았다면 반드시 말리며, 각 아침 일과 수행 중에 다른 아침 일과를 동시에 수행할 수는 없다.
- 각 아침 일과를 수행하는 데 소요되는 시간은 다음과 같다.

아침 일과	소요 시간	아침 일과	소요 시간
샤워	10분	몸치장 하기	7분
세수	4분	구두 닦기	5분
머리 감기	3분	주스 만들기	15분
머리 말리기	5분	양말 신기	2분

① 세수

② 머리 감기

③ 구두 닦기

④ 몸치장 하기

28. 다음은 G팀의 해외지사 발령자 선발 방식에 대한 설명이다. 다음에 대한 설명으로 옳지 않은 것은?

G팀은 지망자 5명(A~E) 중 한 명을 해외지사 발령자로 추천하기 위하여 각각 5회의 평가를 실시하고, 그 결과에 바탕을 둔 추첨을 하기로 했다. 평가 및 추첨 방식과 현재까지 진행된 평가 결과는 아래와 같다.

- 매 회 10점 만점으로 1점 단위의 점수를 매기며, 10점을 얻은 지망자에게는 5장의 카드, 9점을 얻은 지망자에게는 2장의 카드, 8점을 얻은 지망자에게는 1장의 카드를 부여한다. 7점 이하를 얻은 지망자에게는 카드를 부여하지 않는다.
- 5회차 평가 이후 각 지망자는 자신이 받은 모든 카드에 본인의 이름을 적고, 추첨함에 넣는다. 다만 5번의 평가의 총점이 40점 미만인 지망자는 본인의 카드를 추첨함에 넣지 못한다.
- G팀장은 추첨함에서 한 장의 카드를 무작위로 뽑아 카드에 이름이 적힌 지망자를 G팀의 해외지사 발령자로 추천한다.

구분	1회	2회	3회	4회	5회
A	9	9	9	9	
B	8	8	7	7	
C	9	7	9	7	
D	7	7	7	7	
E	8	8	9	8	

① 5회차에서 B만 10점을 받는다면 적어도 D보다는 추천될 확률이 높다.

② C가 5회차에서 9점만 받아도 E보다 추천될 확률이 높아진다.

③ D는 5회차 평가 점수와 관계없이 추첨함에 카드를 넣지 못한다.

④ 5회차에 모두가 같은 점수를 받는다면 A가 추천될 확률이 가장 높다.

전문가 6명(A ~ F)의 '회의 참여 가능 시간'과 '회의 장소 선호도'를 반영하여 〈조건〉을 충족하는 회의를 월요일 ~ 금요일 중에 개최하려 한다. 다음 자료를 바탕으로 이어지는 각 물음에 답하시오.

〈회의 참여 가능 시간〉

전문가＼요일	월	화	수	목	금
A	13:00~16:20	15:00~17:30	13:00~16:20	15:00~17:30	16:00~18:30
B	13:00~16:10	–	13:00~16:10	–	16:00~18:30
C	16:00~19:20	14:00~16:20	–	14:00~16:20	16:00~19:20
D	17:00~19:30	–	17:00~19:30	–	17:00~19:30
E	–	15:00~17:10	–	15:00~17:10	–
F	16:00~19:20	–	16:00~19:20	–	16:00~19:20

〈회의 장소 선호도〉

(단위 : 점)

장소＼전문가	A	B	C	D	E	F
가	5	4	5	6	7	5
나	6	6	8	6	8	8
다	7	8	5	6	3	4

〈조건〉

1) 전문가 A ~ F 중 3명 이상이 참여할 수 있어야 회의 개최가 가능하다.
2) 회의는 1시간 동안 진행되며, 회의 참여자는 회의 시작부터 종료까지 자리를 지켜야 한다.
3) 회의 시간이 정해지면, 해당 일정에 참여 가능한 전문가들의 선호도를 합산하여 가장 높은 점수가 나온 곳을 회의 장소로 정한다.

29. 제시된 '표' 및 〈조건〉을 보고 판단한 것 중 옳은 것은?

① 월요일에는 회의를 개최할 수 없다.
② 금요일 16시에 회의를 개최할 경우 회의 장소는 '가'이다.
③ A가 반드시 참여해야 할 경우 목요일 16시에 회의를 개최할 수 있다.
④ C, D를 포함하여 4명 이상이 참여해야 할 경우 금요일 17시에 회의를 개최할 수 있다.

30. 회의 개최 비용이 다음과 같은 조건에 따라 산정될 때, 회의 개최 시간에 따른 비용으로 알맞게 연결된 것은?

- 회의 참여 수당 : 전문가 1명당 100,000원
- 회의 장소 대여 비용

구분＼회의장소		가	나	다
기본 요금	09~17시	70,000원	65,000원	80,000원
	17시~20시	55,000원	60,000원	60,000원
기준인원[1] 초과 시 1명당 추가요금		10,000원	15,000원	12,000원
할인혜택[2]		목~금: 20% 할인	수, 금: 10% 할인	월~화: 10% 할인

1) 회의 장소 기준인원은 3명이다.
2) 기본요금에 인원초과 시 추가요금을 합산한 금액을 기준으로 하여 할인한다.

① 화요일 3시 – 472,000원
② 금요일 4시 – 354,000원
③ 금요일 5시 – 581,000원
④ 금요일 6시 – 365,000원

31. 다음에서 의미하는 가치들 중 직무상 필요한 가장 핵심적인 네 가지 자원에 해당하지 않는 설명은 어느 것인가?

① 민간 기업이나 공공단체 및 기타 조직체는 물론이고 개인의 수입·지출에 관한 것도 포함하는 가치
② 인간이 약한 신체적 특성을 보완하기 위하여 활용하는, 정상적인 인간의 활동에 수반되는 많은 자원들
③ 기업이 나아가야 할 방향과 목적 등 기업 전체가 공유하는 비전, 가치관, 사훈, 기본 방침 등으로 표현되는 것
④ 매일 주어지며 똑같은 속도로 흐르지만 멈추거나 빌리거나 저축할 수 없는 것

32. '갑'시에 위치한 N사 권 대리는 다음과 같은 일정으로 출장을 계획하고 있다. 출장비 지급 내역에 따라 권 대리가 받을 수 있는 출장비의 총액은 얼마인가?

〈지역별 출장비 지급 내역〉

출장 지역	일비	식비
'갑'시	15,000원	15,000원
'갑'시 외 지역	23,000원	17,000원

* 거래처 차량으로 이동할 경우, 일비 5,000원 차감
* 오후 일정 시작일 경우, 식비 7,000원 차감

〈출장 일정〉

출장 일자	지역	출장 시간	이동계획
화요일	'갑'시	09:00~18:00	거래처 배차
수요일	'갑'시 외 지역	10:30~16:00	대중교통
금요일	'갑'시	14:00~19:00	거래처 배차

① 75,000원
② 78,000원
③ 83,000원
④ 85,000원

33. 전략적 인적자원관리에 대한 설명으로 옳지 않은 것은?

① 장기적이며 목표·성과 중심적으로 인적자원을 관리한다.
② 개인의 욕구는 조직의 전략적 목표달성을 위해 희생해야 한다는 입장이다.
③ 인사업무 책임자가 조직 전략 수립에 적극적으로 관여한다.
④ 조직의 전략 및 성과와 인적자원관리 활동 간의 연계에 중점을 둔다.

34. 합리적인 인사관리의 원칙 중 다음 ㉠과 ㉡에서 설명하고 있는 것은 무엇인가?

* _____㉠_____ : 근로자의 인권을 존중하고 공헌도에 따라 노동의 대가를 공정하게 지급
* _____㉡_____ : 직장 내에서 구성원들이 소외감을 갖지 않도록 배려하고, 서로 협동·단결할 수 있도록 유지

	㉠	㉡
①	공정 인사의 원칙	종업원 안정의 원칙
②	공정 인사의 원칙	단결의 원칙
③	공정 보상의 원칙	종업원 안정의 원칙
④	공정 보상의 원칙	단결의 원칙

35. N사 기획팀에서는 해외 거래처와의 중요한 계약을 성사시키기 위해 이를 담당할 사내 TF팀 인원을 보강하고자 한다. 다음 상황을 참고할 때, 반드시 선발해야 할 2명의 직원은 누구인가?

기획팀은 TF팀에 추가로 필요한 직원 2명을 보강해야 한다. 계약실무, 협상, 시장조사, 현장교육 등 4가지 업무는 새롭게 선발될 2명의 직원이 분담하여 모두 수행해야 한다.
4가지 업무를 수행하기 위해 필수적으로 갖추어야 할 자질은 다음과 같다.

업무	필요 자질
계약실무	스페인어, 국제 감각
협상	스페인어, 설득력
시장조사	설득력, 비판적 사고
현장교육	국제 감각, 의사 전달력

* 기획팀에서 1차로 선발한 직원은 오 대리, 최 사원, 남 대리, 조 사원 4명이며, 이들은 모두 3가지씩의 '필요 자질'을 갖추고 있다.
* 의사 전달력은 남 대리를 제외한 나머지 3명이 모두 갖추고 있다.
* 조 사원이 시장조사 업무를 제외한 모든 업무를 수행하려면, 스페인어 자질만 추가로 갖추면 된다.
* 오 대리는 계약실무 업무를 수행할 수 있고, 최 사원과 남 대리는 시장조사 업무를 수행할 수 있다.
* 국제 감각을 갖춘 직원은 2명이다.

① 오 대리, 최 사원
② 오 대리, 남 대리
③ 최 사원, 조 사원
④ 최 사원, 조 사원

36. 다음은 N사의 부서별 추가 인원 요청사항과 새로 배정된 신입사원 5명의 인적사항이다. 적재적소의 원리에 의거하여 신입사원들을 배치할 경우 가장 적절한 것은?

〈신입사원 인적사항〉

성명	성별	전공	자격 및 기타
이나정	여	컴퓨터공학과	논리적·수학적 사고력 우수함
장하윤	여	회계학과	인사 프로그램 사용 가능
권도진	남	소프트웨어학과	SW융합 인재 온라인 경진대회 수상경력
김성준	남	경영학과	광고심리학 공부, 강한 호기심, 창의력 대회 입상
오수연	여	경영학과	노무사 관련 지식 보유

〈부서별 인원 요청 사항〉

부서명	필요인원	필요자질
인사총무부	2명	대인관계 원만한 자, 조직에 대한 이해가 높은 자
IT기획부	2명	프로그램 및 시스템 관련 능통자
홍보실	1명	외향적인 성격, 창의적 사고

	인사총무부	IT기획부	홍보실
①	장하윤, 권도진	오수연, 김성준	이나정
②	김성준, 오수연	이나정, 권도진	장하윤
③	장하윤, 오수연	이나정, 권도진	김성준
④	권도진, 김성준	이나정, 장하윤	오수연

37. 다음 글을 근거로 판단할 때, 서연이가 구매할 가전제품과 구매할 상점을 옳게 연결한 것은?

서원이는 가전제품 A~E를 1대씩 구매하기 위하여 상점 '갑, 을, 병'의 가전제품 판매가격을 알아보았다.

〈상점별 가전제품 판매가격〉

(단위 : 만 원)

구분	A	B	C	D	E
갑	150	50	50	20	20
을	130	45	60	20	10
병	140	40	50	25	15

서원이는 각각의 가전제품을 세 상점 중 어느 곳에서나 구매할 수 있으며, 아래의 〈혜택〉을 이용하여 총 구매 금액을 최소화하고자 한다.

〈혜택〉

1. '갑' 상점 : 200만 원 이상 구매 시 전 품목 10% 할인
2. '을' 상점 : A를 구매한 고객에게는 C, D를 20% 할인
3. '병' 상점 : C, D를 모두 구매한 고객에게는 E를 5만 원에 판매

① 갑 – A

② 을 – E

③ 병 – C

④ 갑 – D

38. 다음은 영업사원인 N씨가 오늘 미팅해야 할 거래처 직원들과 방문해야 할 업체에 관한 정보이다. 다음의 정보를 모두 반영하여 일정을 정한다고 할 때 순서가 올바르게 배열된 것은? (단, 장소 간 이동 시간은 없는 것으로 가정한다)

〈거래처 직원들의 요구 사항〉
1) A 거래처 과장 : 회사 내부 일정으로 인해 미팅은 10시~12시 또는 16~18시까지 2시간 정도 가능합니다.
2) B 거래처 대리 : 12시부터 점심식사를 하거나 18시부터 저녁식사를 하시죠. 시간은 2시간이면 될 것 같습니다.
3) C 거래처 사원 : 외근이 잡혀서 오전 9시부터 10시까지 1시간만 가능합니다.
4) D 거래처 부장 : 외부 일정으로 18시부터 저녁식사만 가능합니다.

〈방문해야 할 업체와 가능한 시간〉
1) E 서점 : 14~18시, 2시간 소요
2) F 은행 : 12~16시, 1시간 소요
3) G 미술관 : 하루 3회(10시, 13시, 15시), 1시간 소요

① C 거래처 사원 – A 거래처 과장 – B 거래처 대리 – E 서점 – G 미술관 – F 은행 – D 거래처 부장

② C 거래처 사원 – A 거래처 과장 – F 은행 – B 거래처 대리 – G 미술관 – E 서점 – D 거래처 부장

③ C 거래처 사원 – G 미술관 – F 은행 – B 거래처 대리 – E 서점 – A 거래처 과장 – D 거래처 부장

④ C 거래처 사원 – A 거래처 과장 – B 거래처 대리 – F 은행 – G 미술관 – E 서점 – D 거래처 부장

┃39~40┃ 다음은 노트북을 구매하기 위하여 전자제품 매장을 찾은 L씨가 제품 설명서를 보고 점원과 나눈 대화와 설명서 내용의 일부이다. 다음을 보고 이어지는 물음에 답하시오.

> L씨 : "노트북을 좀 사려고 합니다."
> 점원 : "네 고객님, 어떤 조건을 원하시나요?"
> L씨 : "제 것과 친구에게 선물할 것 두 개를 사려고 하는데요, 두 개 모두 가볍고 배터리 사용시간이 좀 길었으면 합니다. 무게는 1kg까지가 적당할 것 같고요, 저는 충전시간이 짧으면서도 음악재생시간이 긴 제품을 원해요. 선물하려는 제품은요, 일주일에 한 번만 충전해도 음악재생시간이 16시간은 되어야 하고, 용량은 320GB 이상이었으면 좋겠어요.
> 점원 : "그럼 고객님께는 (   )모델을, 친구 분께 드릴 선물로는 (   )모델을 추천해 드립니다."

〈제품 사양서〉

구분	무게	충전시간	용량	음악재생시간
A	900g	2.3H	300GB	15H
B	1kg	2.1H	310GB	13H
C	1.1kg	3.0H	320GB	16H
D	1.2kg	2.2H	330GB	14H

39. 다음 중 위 네 가지 모델에 대한 설명으로 옳은 것을 〈보기〉에서 모두 고르면?

> 〈보기〉
> ㈎ 충전시간이 길수록 음악재생시간이 길다.
> ㈏ 무게가 무거울수록 용량이 크다.
> ㈐ 무게가 무거울수록 음악재생시간이 길다.
> ㈑ 용량이 클수록 음악재생시간이 길다.

① ㈎
② ㈎, ㈏
③ ㈏, ㈑
④ ㈎, ㈑

40. 다음 중 점원 L씨에게 추천한 빈칸의 제품이 순서대로 올바르게 짝지어진 것은 어느 것인가?

	L씨	선물
①	B모델	A모델
②	A모델	C모델
③	C모델	D모델
④	B모델	C모델

41. 조직의 규모에 대한 설명으로 가장 옳은 것은?

① 조직의 규모가 클수록 공식화 수준이 낮아진다.

② 조직의 규모가 클수록 조직 내 구성원의 응집력이 강해진다.

③ 조직의 규모가 클수록 분권화되는 경향이 있다.

④ 조직의 규모가 클수록 복잡성이 낮아진다.

42. 조직문화의 일반적 기능에 관한 설명으로 가장 옳지 않은 것은?

① 조직문화는 조직구성원들에게 소속 조직원으로서의 정체성을 제공한다.

② 조직문화는 조직구성원들의 행동을 형성시킨다.

③ 조직이 처음 형성되면 조직문화는 조직을 묶어 주는 접착제 역할을 한다.

④ 조직이 성숙 및 쇠퇴 단계에 이르면 조직문화는 조직혁신을 촉진하는 요인이 된다.

43. 다음에서 설명하고 있는 조직의 원리로 옳은 것은?

> 한 사람의 상관이 감독하는 부하의 수는 그 상관의 통제 능력 범위 내에 한정되어야 한다는 원리

① 계층제의 원리   ② 통솔범위의 원리
③ 명령통일의 원리   ④ 조정의 원리

44. 다음과 같은 조직의 특징으로 바르지 않은 것은?

① 이 조직구조는 기능조직이다.
② 이 구조는 소기업과 중기업에 적합하다.
③ 기술전문성과 내적효율성을 추구한다.
④ 규모의 경제를 획득할 수 없다.

45. 다음이 설명하고 있는 말은 무엇인가?

> 한 조직체의 구성원들이 모두 공유하고 있는 가치관과 신념, 이데올로기와 관습, 규범과 전통 및 지식과 기술 등을 모두 포함한 종합적인 개념으로 조직전체와 구성원들의 행동에 영향을 미친다. 새로운 직장으로 옮겼을 때 그 기업의 이것을 알지 못하여 조직적응에 실패하는 경우도 종종 발생한다.

① 조직전략   ② 조직규범
③ 조직문화   ④ 조직행동

46. 매트릭스 조직에 대한 설명으로 옳은 것은?

① 이중적인 명령 체계를 갖고 있다.
② 시장의 새로운 변화에 유연하게 대처하기 어렵다.
③ 기능적 조직과 사업부제 조직을 결합한 형태이다.
④ 단일 제품을 생산하는 조직에 적합한 형태이다.

|47~48| 다음은 H사의 〈조직도〉 및 〈전결규정〉의 일부를 나타낸 것이다. 각 물음에 답하시오.

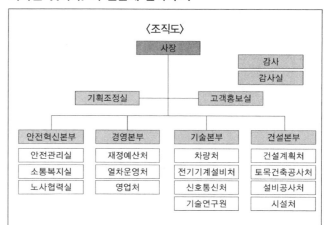

〈전결규정〉

분야	세부 업무	전결구분			사장
		부장	처장	본부장	
본사공통	① 소관분야 중장기 경영계획 제출			○	
	② 소관분야 주요사업시행계획 제출		○		
기획분야	① 직무분석				
	가. 직무분석 계획수립				○
	나. 분야별 직무분석 실시		○		
	다. 직무평가서 작성	○			
	라. 직무명세서 작성		○		
고객홍보	① 고객만족경영 계획 및 결과보고				○
	② 고객만족경영 활동 추진		○		
안전혁신	① 연간 안전점검계획 수립			○	
	② 월간, 계절별 안전점검 계획수립 및 결과보고		○		
	③ 일일 안전점검 명령 및 결과보고	○			

1) 실·원장의 전결구분은 처장에 준함
2) 각 업무의 최종 결재권자를 표시

47. 위 조직도를 보고 잘못 이해한 것은?

① 기획 업무와 경영 업무를 관장하는 조직이 따로 구분되어 있다.
② 노사협력에 대한 업무는 경영본부 소관이다.
③ 감사 임원의 임명권은 H사 사장에게 있지 않을 것이다.
④ 기획조정실, 고객홍보실에는 하부 조직이 구성되어 있지 않다.

48. 다음 각 H사 조직원들의 업무처리 내용 중 적절한 것은?

① 안전관리실 직원 A는 이번 달의 월간 안전점검 계획수립 및 결과 보고서를 작성한 후, 처장님의 결재를 얻었고, 이제 본부장님의 결재를 기다리고 있다.

② 기획조정실 실장 B는 올해 초 마친 H사 내 직무분석 업무에서 '계획수립' 보고서에 대해서만 결재하면 되었다.

③ H사 사장 C는 '고객만족경영 결과 보고서'에는 결재했지만, 고객홍보실 주요사업시행계획에 대해선 고객홍보실장의 보고만 받았다.

④ 안전혁신본부장 D가 결재해야 할 보고서는 '연간 안전점검계획 수립'에 대한 건뿐이다.

49. U회사에서 사원 김씨, 이씨, 정씨, 박씨 4인을 대상으로 승진시험을 치뤘다. 다음 〈보기〉에 따라 승진이 결정된다고 할 때 승진하는 사람은?

〈보기〉
- U회사에서 김씨, 이씨, 정씨, 박씨 네 명의 승진후보자가 시험을 보았으며, 상식 30문제, 영어 20문제가 출제되었다.
- 상식은 정답을 맞힌 개수 당 5점씩, 틀린 개수 당 –3점씩을 부여하고, 영어의 경우 정답을 맞힌 개수 당 10점씩, 틀린 개수 당 –5점씩을 부여한다.
- 채점 방식에 따라 계산했을 때 250점 이하이면 승진에서 탈락한다.
- 각 후보자들이 정답을 맞힌 문항의 개수는 다음과 같고, 이 이외의 문항은 모두 틀린 것이다.

	상식	영어
김씨	24	16
이씨	20	19
정씨	28	15
박씨	23	17

① 김씨와 이씨
② 김씨와 정씨
③ 이씨와 정씨
④ 정씨와 박씨

50. 다음은 어느 지역 R사의 조직도를 나타낸 것이다. 보기 중 옳지 않은 것은?

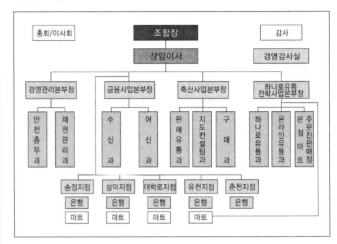

① 각 지점에 있는 마트는 하나로유통전략사업본부장 소속으로 되어 있다.

② 5개 지점 모두 금융사업본부장 소속이다.

③ 경영검사실은 독립적인 위치에 있다.

④ 4개 본부 아래 9개 과로 구성되어 있다.

1. ㉠~㉢의 밑줄 친 부분에 대한 설명으로 적절하지 않은 것은?

> ㉠ 다 먹은 그릇은 치우고 더 먹을 사람은 줄을 서라
> ㉡ 담을 넘느라 땀을 한 바가지는 흘렸다.
> ㉢ 배를 하도 먹어서 그런지 배가 불러 죽겠다.

① ㉠의 '다'와 '더'의 모음은 혀의 높낮이가 다르다.
② ㉡의 'ㄷ'과 'ㄸ'은 소리를 내는 방식이 같다.
③ ㉢의 '배'는 발음하는 동안 입술이나 혀가 움직인다.
④ ㉢에 밑줄 친 '배'는 다의어이다.

2. 다음 중 관용 표현이 사용되지 않은 문장은?

① 사람들은 폭설 때문에 공항에 발이 묶였다.
② 재하는 선물이 마음에 들었는지 입이 귀에 걸렸다.
③ 미영이는 한 손으로 농구공을 잡을 만큼 손이 크다.
④ 두 사람은 손발이 맞아 무슨 일이든 빨리 끝낸다.

3. 다음 밑줄 친 부분 중 한글 맞춤법에 따라 바르게 표기된 것은?

① 시간이 <u>넉넉치</u> 않은 데도 옷을 몇 번이나 갈아입었다.
② <u>간편케</u> 접은 옷가지들이 빼곡했다.
③ 드넓은 갯벌이 <u>들어나자</u> 사람들이 하나둘 바지를 걷고 갯벌로 들어갔다.
④ 이것이 당신이 찾던 <u>것이오</u>.

4. 다음 중 표준 발음법에 대한 설명과 그 예시로 적절하지 않은 것은?

① 시계[시계/시게] : '예, 례' 이외의 'ㅖ'는 [ㅔ]로도 발음한다.
② 밟다[밥: 따] : 겹받침 'ㄳ', 'ㄵ', 'ㄼ', 'ㄽ', 'ㄾ', 'ㅄ'은 어말 또는 자음 앞에서 각각 [ㄱ, ㄴ, ㄹ, ㅂ]으로 발음한다.
③ 닭소[다: 쏘] : 'ㅎ(ㄶ, ㅀ)' 뒤에 'ㅅ'이 결합되는 경우에는, 'ㅅ'을 [ㅆ]으로 발음한다.
④ 쫓다[쫀따] : 받침 'ㄲ, ㅋ', 'ㅅ, ㅆ, ㅈ, ㅊ, ㅌ', 'ㅍ'은 어말 또는 자음 앞에서 각각 대표음 [ㄱ, ㄷ, ㅂ]으로 발음한다.

5. 밑줄 친 부분에 들어갈 단어로 가장 적절하지 않은 것은?

> 사람 좋은 얼굴을 하고 우리를 도와주는 척, 위하는 척 말은 번지르르 했지만 결국 백성들의 피만 _____ 해충보다 못한 놈들이다.

① 켕기는
② 부르는
③ 말리는
④ 빠는

6. 밑줄 친 부분의 표준 발음으로 옳지 않은 것은?

① 아가씨의 <u>옷고름</u>[온꼬름]에 놓인 자수가 아름다워 한참을 바라보았다.
② 두 사람은 <u>넓게</u>[널께] 뻗은 다리 위를 같이 걸었다.
③ 머리 한번 <u>감기기</u>[감끼기]가 여간 힘이 드는 것이 아니었다.
④ 일부 <u>몰상식</u>[몰쌍식]한 사람들 때문에 많은 사람들이 피해를 보았다.

7. 다음은 중세국어의 표기법에 대한 설명이다. 이에 따른 표기로 가장 옳지 않은 것은?

> 중세국어 표기법의 일반적 원칙은 표음적 표기법으로, 이는 음운의 기본 형태를 밝혀 적지 않고 소리 나는 대로 적는 표기를 말한다. 이어적기는 이러한 원리에 따른 것으로 받침이 있는 체언이나 받침이 있는 용언 어간에 모음으로 시작하는 조사나 어미가 붙을 때 소리 나는 대로 이어 적는 표기를 말한다.

① 불휘 기픈
② ㅂㄹ매 아니 뮐씨
③ 쟝긔판늘 밍글어늘
④ 바르래 가ᄂ니

8. 다음 중 훈민정음의 제자 원리에 대한 설명으로 옳은 것은?

① 'ㄴ'은 혀가 윗니에 닿았다가 떨어지는 모양을 상형한 것이다.
② 초성은 발음 기관을 상형하고 기본자에 가획한 글자로 총 18자이다.
③ '옛이응'은 기본자 'ㄱ'을 기본자로 하는 아음의 이체자이다.
④ 중성은 삼재(三才: 天, 地, 人)를 상형하고 기본자에 가획하여 제자하였다.

> 한숨아 세(細) 한숨아, 네 어느 틈으로 들어오느냐.
> 고모장지¹⁾ 세살장지 들장지 열장지에 암돌쩌귀²⁾ 수톨쩌귀
> 배목 걸쇠 뚝딱 박고 크나큰 자물쇠로 깊숙이 채웠는데 병풍
> 이라 덜컥 접고 족자라 대그르르 말고 네 어느 틈으로 들어오
> 느냐.
> 아마도 너 온 날 밤이면 잠 못 들어 하노라.
>
> — 작자 미상 —
>
> 1) 장지 : 방과 방 사이, 또는 방과 마루 사이에 칸을 막아 끼우는
>   문.
> 2) 돌쩌귀 : 문짝을 문설주에 달아 여닫는 데 쓰는 두 개의 쇠붙
>   이. 암짝은 문설주에, 수짝은 문짝에 박아 맞추어 꽂는다.

9. 주어진 글에 나타난 화자의 심정으로 가장 적절한 것은?

① 그리운 님을 만나는 설렘
② 세상의 시름으로 인한 고뇌
③ 자연 속에서 느끼는 안도감
④ 임금에 대한 깊은 충정

10. 주어진 글의 표현상의 특징으로 옳지 않은 것은?

① 대상을 의인화하여 대화하는 방식으로 전개하고 있다.
② 시어를 장황하고 과장되게 나열하여 해학성을 드러낸다.
③ 실생활과 밀착된 소재를 사용하여 생생한 느낌을 준다.
④ 다양한 음성 상징어를 통해 정적인 분위기를 이끌어 간다.

11. 다음 중 밑줄 친 부분에서 사용된 표현 방법이 다른 것은?

① 모란이 피기까지는 / 나는 아직 기다리고 있을 테요 / 찬란
한 슬픔의 봄을
② 이것은 소리 없는 아우성 / 저 푸른 해원을 향하여 흔드는 /
영원한 노스탤지어의 손수건
③ 깊이깊이 새겨지는 네 이름 위에 / 네 이름의 외로운 눈부
심 위에 / 살아오는 삶의 아픔
④ 강나루 건너서 / 밀밭 길을 / 구름에 달 가듯이 / 가는 나그네

12. 다음 중 카프(KAPF)에 속한 작가가 아닌 것은?

① 김기진　　　　② 임화
③ 최남선　　　　④ 한설야

13. 다음 중 김시습의 「금오신화」에 실린 작품이 아닌 것은?

① 만복사저포기
② 원생몽유록
③ 이생규장전
④ 남염부주지

14. 다음 빈칸에 알맞은 단어는?

> 머리털을 베어 (　　)을 삼다

① 신발　　　　② 가발
③ 손발　　　　④ 사발

15. 주어진 글에서 ㉠의 상황을 표현한 한자성어로 적절한 것은?

> "박명한 첩 운영은 낭군께 재배하고 사뢰니다. 저는 변변치 못
> 한 자질로서 불행히도 낭군의 사랑을 받게 되었습니다. 그 이
> 후 우리는 얼마나 서로를 그리워하고 갈망했었습니까? 다행스
> 럽게도 하룻밤의 즐거움을 이룰 수는 있었으나, 바다처럼 깊은
> 우리의 사랑은 미진하기만 합니다. 인간 세상의 좋은 일을 조
> 물(造物)이 시기한 탓으로 궁인들이 알고 주군이 의심하게 되
> 어 마침내 재앙이 눈앞에 닥쳤으니, 죽은 뒤에나 이 재앙이 그
> 칠 것입니다. 엎드려 바라건대, 낭군께서는 이별한 후에 비천
> 한 저를 가슴속에 새겨 근심하지 마시고, 더욱 학업에 힘써
> ㉠과거에 급제한 뒤 높은 벼슬길에 올라 후세에 이름을 드날
> 리고 부모님을 현달케 하십시오. 제 의복과 재물은 다 팔아 부
> 처께 공양하시고, 갖가지로 기도하고 지성으로 소원을 빌어 삼
> 생의 연분을 후세에 다시 잇도록 해 주십시오. 그렇게만 해 주
> 신다면 더없이 좋겠나이다! 좋겠나이다!"

① 입신양명
② 사필귀정
③ 홍진비래
④ 백년해로

16. 밑줄 친 '이 시기'에 있었던 사실로 적절하지 않은 것은?

> <u>이 시기</u>에는 도구가 발달하고 농경이 시작되면서 주거 생활도 개선되어 갔다. 집터는 대개 움집 자리로, 바닥은 원형이거나 모서리가 둥근 사각형이었다. 움집의 중앙에는 불씨를 보관하거나 취사와 난방을 하기 위한 화덕이 위치하였다. 집터의 규모는 4~5명 정도의 한가족이 살기에 알맞은 크기였다.

① 조개무지 패총을 많이 남겼다.
② 돌을 갈아서 만든 뗀석기를 주로 사용하였다.
③ 넓적한 돌 갈판에 옥수수를 갈아 먹었다.
④ 빗살무늬토기와 가락바퀴가 제작되었다.

17. 다음 중 고인돌이 발견된 시기에 사용하던 토기로 옳은 것은?

① 빗살무늬 토기
② 덧무늬 토기
③ 덧띠 토기
④ 미송리식 토기

18. 다음의 고조선의 8조법에 대한 설명으로 옳지 않은 것은?

① 한서지리지에 일부 조목의 내용만이 전해진다.
② 생명과 노동력을 중시하고 있음을 알 수 있다.
③ 엄격한 형벌제도가 존재하였음을 알 수 있다.
④ 양성이 평등한 사회였음을 알 수 있다.

19. 다음 중 초기 국가와 그 국가에서 행해진 제천행사의 연결이 바르지 않은 것은?

① 부여-영고
② 동예-계절제
③ 고구려-동맹
④ 삼한-수릿날

20. 다음 중 신라 왕호 변천의 순서가 옳은 것은?

① 거서간 → 이사금 → 차차웅 → 마립간 → 왕
② 거서간 → 차차웅 → 마립간 → 이사금 → 왕
③ 거서간 → 차차웅 → 이사금 → 마립간 → 왕
④ 거서간 → 마립간 → 이사금 → 차차웅 → 왕

21. 고려시대의 행정기관과 그 역할이 바르게 연결된 것은?

① 삼사-국정 전반에 걸친 중요사항 결정
② 중추원-군사 기밀, 왕명 출납
③ 어사대-화폐 곡식 출납, 회계
④ 도병마사-풍속의 교정, 관리의 비리 감찰

22. 다음 중 고려 말에 등장한 신진 사대부의 특징으로 옳지 않은 것은?

① 지방 향리 출신이었다.
② 과거를 통해 중앙으로 진출하였다.
③ 정치이념으로 성리학을 수용하였다.
④ 재향 중소지주의 자제로 불교를 옹호하였다.

23. 조선시대의 과거제에 대한 설명으로 옳지 않은 것은?

① 문과, 무과, 잡과가 시행되었다.
② 양인 이상의 신분이면 모두 응시할 수 있었다.
③ 무과의 경우 서얼의 응시를 제한하였다.
④ 식년시는 3년 단위로 정기적으로 시행되었다.

24. 다음 중 예송논쟁에 대한 설명으로 옳지 않은 것은?

① 기해예송은 효종의 상 때 자의대비의 복제 문제가 배경이 되어 발생하였다.
② 서인은 기해예송, 갑인예송 때에 모두 기년복을 입을 것을 주장하였다.
③ 갑인예송 때에는 남인의 주장이 채택되었다.
④ 갑인예송은 효종 비의 상 때 자의대비의 복제가 문제가 되어 발생하였다.

25. 다음 중 고려시대 국자감에서 유교 경전 및 문예를 배우는 학부가 아닌 것은?

① 율학 ② 국자학

③ 태학 ④ 시문학

26. 다음 중 기전체로 편찬된 역사서가 아닌 것은?

① 삼국사기 ② 동사강목

③ 고려사 ④ 해동역사

27. 다음은 독도에 관련된 역사적 사실들이다. 옳지 않은 것은?

① 512년 신라가 우산국을 복속시켰다.

② 고종황제의 칙령 41조에 의해 독도는 울릉군의 한 부속도 서로서 공식적으로 강원도에 편입되었다.

③ 세종실록지리지에 동해상에 무릉과 우산의 두 섬이 있다는 것을 기술하고 있다.

④ 조선 현종 때 안용복의 활약으로 울릉도·독도를 둘러싼 영토분쟁은 일본 측이 잘못을 인정하고 사과의 문서를 보내오면서 일단락되었다.

28. 다음 연설문이 들어갈 시기로 적절한 곳은?

나는 통일된 조국을 건설하려다가 38선을 베고 쓰러질지언정 일신의 구차한 안일을 취하여 단독정부를 세우는 데는 협력하지 아니하겠다 ……

−김구의 삼천만 동포에게 울면서 간절히 고함−

(가) 모스크바 3상회의 → (나) 미·소 공동위원회 → (다) 5·10 총선거대한민국 → (라) 정부수립

① (가) ② (나)

③ (다) ④ (라)

29. 다음 제시된 역사적 사건이 발생한 순서대로 바르게 나열한 것은?

㉠ 강화도 조약 ㉡ 갑신정변
㉢ 동학농민운동 ㉣ 임오군란

① ㉠−㉣−㉡−㉢ ② ㉡−㉣−㉠−㉢

③ ㉡−㉢−㉣−㉠ ④ ㉢−㉣−㉡−㉠

30. 다음 개헌안을 발표한 대통령 때에 일어난 사건이 아닌 것은?

제55조 대통령과 부통령의 임기는 4년으로 한다. 단, 재선에 의하여 1차 중임할 수 있다. 대통령이 궐위될 때에는 부통령이 대통령이 되고 잔임 기간 중 재임한다.

부칙 이 헌법 공포 당시의 대통령에 대하여는 제55조 제1항 단서의 제한을 적용하지 아니한다.

① 진보당 사건 ② 4·19혁명

③ 인민 혁명당 사건 ④ 2·4 정치 파동

31. 다음의 내용에서 말하는 "이것"이 의미하는 것은?

서아프리카 열대 우림지대의 풍토병적인 바이러스성 급성 출혈열로서 '이것'이 퍼지는 경로는 주로 아프리카 사바나 지대에서 서식하고 있는 다유방쥐의 침 또는 오줌이다. 이 쥐들은 금광 붐으로 인해 산림이 파괴되어 삶의 터전을 잃고 사람이 사는 마을로 나오게 되면서 쉽게 주거 공간에 침입해 사람에게 옮기게 된다.

① 말라리아 ② 장티푸스

③ 뎅기열 ④ 라사열

32. 반 금속성의 성질을 띠고 있으며, 끓는점은 1,635℃, 녹는점은 630.63℃이고 이에 중독되면 주로 피부염과 비염 증세가 나타나며 눈 자극과 두통, 가슴통증, 목통증, 호흡곤란, 구토, 설사, 체중 감소, 후각 장애 등의 증세가 나타나게 되는 이것은?

① 텔루륨 ② 비스무트

③ 안티몬 ④ 납

33. 다음의 내용을 읽고 괄호 안에 들어갈 말로 가장 적합한 것을 고르면?

> ( )을/를 갖고 있는 사람들은 보통 일반적 계산과 관련된 좌뇌보다 정서에 관여하는 우뇌를 더 많이 사용한다. 그래서 이에 해당하는 사람들은 특히 창의성과 예술성을 많이 보인다.

① PASM
② PESM
③ CDSM
④ FASM

34. 아이러니한 상황 또는 사건 등을 통해 웃음을 유발하는 코미디는?

① 블랙 코미디
② 블루 코미디
③ 화이트 코미디
④ 그린 코미디

35. 정식으로 외교 관계를 수립하지 않은 국가 간 외교 관계를 수립하기 위한 전 단계로 상호간에 설치하는 사무소를 의미하는 것은?

① 간이사무소
② 예정사무소
③ 연락사무소
④ 외교사무소

36. 인근 지역 거주 노인 인력을 활용한 택배 서비스를 무엇이라고 하는가?

① 중년택배
② 실버택배
③ 베이비택배
④ 콜 택배

37. 타인의 심리나 상황을 교묘하게 조작해 그 사람이 스스로 의심하게 만듦으로써 타인에 대한 지배력을 강화하는 행위를 이르는 말은?

① 코타르 증후군
② 위약효과
③ 가스라이팅
④ 나르시시즘

38. 미국과 중국 그리고 북한과 한국이 한반도 안보 현안에서 일본을 배제하는 것으로 1998년 빌 클린턴 전 미국 대통령이 일본을 건너뛰고 곧장 중국만 방문하고 돌아갔을 때 처음 사용한 용어를 지칭하는 것은?

① 차이나 패싱
② 아시아 패싱
③ 글로벌 패싱
④ 재팬 패싱

39. 통신사업자가 대도시나 아파트 단지 등 고수익-저비용 지역에만 서비스를 제공하는 현상에 빗댄 것으로 기업이 이익을 창출할 것으로 보이는 시장에만 상품과 서비스를 제공하는 현상을 의미하는 것은?

① OSJD
② 스마일 커브
③ 크림 데미지
④ 크림 스키밍

40. 문재인 대한민국 대통령과 김정은 조선민주주의인민공화국 국무위원장이 2018년 4월에 판문점 평화의 집에서 채택한 3차 남북정상회담 공동선언은?

① 4 · 26 판문점 선언
② 4 · 27 판문점 선언
③ 4 · 28 판문점 선언
④ 4 · 29 판문점 선언

41. 다음 내용이 설명하고 있는 것은?

> 이것은 포털에서 '남북정상회담'을 검색하면 네이버나 다음이 아니라 해당 언론사로 넘어가 뉴스를 보고 댓글을 다는 방식인데, 최근 '드루킹 사건'으로 포털사이트 뉴스 댓글 조작에 대한 경각심이 커지면서 정치권은 '아웃링크'를 도입하는 방안을 본격적으로 검토하고 있다. 언론사들로서는 포털에 뺏겼던 클릭 수를 찾아올 수 있어 선호하지만, 소비자들은 플로팅 광고(인터넷 사이트 전체나 일부를 뒤덮는 광고 기법)때문에 불편을 겪을 수 있다.

① 사이드링크
② 아웃링크
③ 인링크
④ 미들링크

42. 상당기간 자금이 묶이지 않기 때문에 최근 각광받고 있는 것으로 불안한 투자환경과 시장 변동성 속에서 잠시 자금의 휴식처가 필요하거나 당장 목돈을 사용할 계획이 없는 투자자들에게 유용한 이것은 무엇인가?

① 적금 통장　　　　　② 정기예금 통장

③ 파킹 통장　　　　　④ 마이너스 통장

43. 교수, 교재, 학비가 없는 '3무(無)' 학교로써 오직 온라인으로 학교가 제시한 프로그래밍 과제를 스스로 수행하면서 3년 과정을 마쳐야 한다. 모르는 게 나타나면 인터넷을 검색하거나 그룹 스터디를 함께하는 동료 학생들끼리 알아서 해결하는 방식의 학교는?

① 에콜 49　　　　　② 에콜 47

③ 에콜 45　　　　　④ 에콜 42

44. 중소기업이 은행에 유동성 지원을 신청할 경우, 은행은 해당 기업의 재무상태 등을 고려해 정상(A)·일시적 유동성 부족(B)·워크아웃(C)·법정관리(D) 등의 등급으로 구분해 등급별로 차별 지원하는 프로그램은?

① 패스트 트랙　　　　　② 슬로우 트랙

③ 미들 트랙　　　　　④ 스타트 트랙

45. 스칸디나비아 반도에 사는 설치류의 일종으로 개체수가 급증하면 다른 땅을 찾아 움직이는데, 이동 시에 직선으로 우두머리만 보고 따라가다 집단적으로 호수나 바다에 빠져 죽기도 하는 이것은?

① 스톡홀름 신드롬　　　　② 테네시티 신드롬

③ 쿠바드 신드롬　　　　④ 레밍 신드롬

46. 저출산 및 고령화에 기인한 것으로 한 가구의 자녀가 1명 또는 2명으로 줄어들고 경제력 있는 조부모가 늘어나면서 귀한 손자, 손녀를 위해 지출을 아끼지 않게 된 것에서 비롯된 용어는?

① 패런트 포켓　　　　② 차일드 포켓

③ 에이트 포켓　　　　④ 하우스 포켓

47. 스포츠 용어로 출전자격을 취득하지 못했으나 특별히 출전이 허용되는 선수나 팀을 지칭하는 것은?

① 멤버십 카드　　　　② 와일드 카드

③ 히든 카드　　　　④ 체크 카드

48. 태어날 때부터 인공지능(AI)과 같은 디지털 기술을 놀이로 체험하고 받아들인다. 로봇과 친숙하게 소통하며 명령에 반응하고 감정을 표현할 줄 아는 로봇 장난감, 직접 코딩으로 움직일 수 있는 조립형 블록, 다양한 증강현실처럼 음성과 이미지로 더 많이 소통하고, 개인화 서비스에 익숙한 세대는?

① 감마 세대　　　　② 와이 세대

③ 엑스 세대　　　　④ 알파 세대

49. 육군 부대가 한 지역에 계속 주둔하며 그 지역 경비와 군대의 질서 및 군기 감시, 시설물 보호를 목적으로 제정한 대통령령은?

① 분수령　　　　② 위수령

③ 계엄령　　　　④ 비상계엄령

50. 전화기(Phone)와 냉대, 무시라는 뜻의 스너빙(Snubbing)의 합성어로 상대방을 앞에 두고도 스마트폰에만 집중하는 무례한 행위를 뜻하는 것은?

① 데빙　　　　② 샤빙

③ 퍼빙　　　　④ 무빙

부산교통공사

운영직

	영 역	직업기초능력평가, 일반상식
제 3 회	문항수	총 100문항
	시 간	100분
	비 고	객관식 4지선다형

제3회 기출동형 모의고사

✏️ **직업기초능력**

1.

홍길동전 : ( ) = 무정 : ( )

① 난설헌, 최남선
② 허균, 이광수
③ 이광수, 최남선
④ 허균, 서정주

2.

강직하다 : ( ) = 함구하다 : ( )

① 교활하다, 떠벌리다
② 기민하다, 무디다
③ 강건하다, 영민하다
④ 금구하다, 유쾌하다

3. 다음 중 밑줄 친 부분과 같은 의미로 쓰인 것은?

그가 라디오를 <u>틀자</u> 윗집의 떠드는 소리가 들리지 않았다.

① 그는 예고도 없이 차를 <u>틀어버렸다</u>.
② 엄마는 일을 시작하기 전에는 항상 머리를 <u>틀어</u> 올렸다.
③ 여자가 의견을 <u>틀어버려도</u> 남자는 군소리 없이 그 말을 따랐다.
④ 딸은 아빠의 잔소리에 오디오를 <u>틀고</u> 문을 닫아버렸다.

4. 제시된 문장 안에서 사용되지 않는 단어를 고르면?

㉠ 남편이 형사가 된 후로 아내는 밤마다 하늘에 ( )을/를 올렸다. ㉡ 그 곳은 유명한 바둑 기사를 배출한 ( )으로/로 유명하다. ㉢ 찰스 다윈은 인류의 ( )이/가 아프리카라고 추정했다. ㉣ 소년은 약하게 보였지만 절체절명의 순간에 ( )을/를 발휘해냈다. ㉤ 뒷산에는 신묘한 ( )이/가 흐르는 기와집이 한 채 있다.

① 기지
② 기원
③ 기운
④ 기사

5. 다음은 '원자재 가격 상승에 따른 문제점과 대책'에 관한 글을 쓰기 위해 작성한 개요이다. 논지 전개상 적절하지 않은 것은?

Ⅰ. 서론 : 원자재 가격 상승의 현황 　국제 시장에서 원자재 가격이 연일 최고가를 경신하는 상황을 언급함. …… ⓐ Ⅱ. 본론 　1. 원자재 가격 상승에 따른 문제점 　　가. 경제적 측면 : 상품의 가격 상승으로 수출 둔화, 수출 상품의 경쟁력 상실, 외국 바이어 방문의 감소 … ⓑ 　　나. 사회적 측면 : 내수 부진으로 소비 생활 위축, 경기 침체로 실업자 증가, 소득 감소로 가계 소비의 위축 …… ⓒ 　2. 원자재 가격 상승에 대한 대책 　　가. 경제적 측면 : 수출 경쟁력 확보를 위한 노력, 품질이 뛰어난 신상품 개발, 새로운 시장 개척으로 판로 확보 　　나. 사회적 측면 : 소비 활성화 정책 시행, 수입 원자재에 대한 과세 강화 …… ⓓ Ⅲ. 결론 : 경쟁력 확보와 소비 활성화 방안 모색 　수출 경쟁력을 확보하고 소비 활성화를 위한 정책을 시행함.

① ⓐ
② ⓑ
③ ⓒ
④ ⓓ

6. 다음 글을 읽고, 문단을 논리적 순서대로 알맞게 배열한 것은?

(가) 양입위출은 대동법 실시론자뿐만 아니라 공안(貢案) 개정론자도 공유하는 원칙이었으나, 공납제의 폐단을 두고 문제의 해법을 찾는 방식은 차이가 있었다. 공안 개정론자는 호마다 현물을 거두는 종래의 공물 부과 기준과 수취 수단을 유지하되 공물 수요자인 관료들의 절용을 강조함으로써 '위출'의 측면에 관심을 기울였다. 반면 대동법 실시론자들은 공물가를 한 번 거둔 후 다시 거두지 않도록 제도화할 것을 주장하여 '양입'의 측면을 강조하였다.

(나) 대동법의 핵심 내용으로, 공물을 부과하는 기준이 호(戶)에서 토지[田結]로 바뀐 것과, 수취 수단이 현물에서 미(米)·포(布)로 바뀐 것을 드는 경우가 많다. 하지만 양자는 이미 대동법 시행 전부터 각 지방에서 광범위하게 시행되고 있었기 때문에 이를 대동법의 본질적 요소라고 볼 수는 없다. 대동법의 진정한 의미는 공물 부과 기준과 수취 수단이 법으로 규정됨으로써, 공납 운영의 원칙인 양입위출(수입을 헤아려 지출을 행하는 재정 운영 방식)의 객관적 기준이 마련되었다는 점에 있다.

(다) 현물을 호에 부과하는 방식으로는 공납제 운영을 객관화하기 어려웠음에도 불구하고, 공안 개정론자는 공물 수요자의 자발적 절용을 강조하는 것 외에 그것을 강제할 수 있는 별도의 방법을 제시하지 못하였다. 이에 반해 대동법 실시론자는 공물 수요자 측의 절용이 필요하다고 보면서도 이들의 '사적 욕망'에서 빚어진 폐습을 극복하기 위해서는 이를 규제할 '공적 제도'가 필요하다고 믿었다.

(라) 요컨대 양입위출에 대한 이런 강조점의 차이는 문제에 대한 해법을 개인적 도덕 수준을 제고하는 것으로 마련하는가, 아니면 제도적 보완이 필요하다고 보고 그 방안을 강구하는가의 차이였다. 공물 수취에 따른 폐해들을 두고 공안 개정론자는 공물 수요자 측의 사적 폐단, 즉 무분별한 개인적 욕망에서 비롯된 것으로 보았다. 반면 대동법 실시론자는 중앙정부 차원에서 공물세를 관리할 수 있는 합리적 근거와 기준이 미비하였기 때문이라고 보았다.

① (가) - (다) - (라) - (나)
② (나) - (가) - (라) - (다)
③ (나) - (다) - (가) - (라)
④ (다) - (나) - (가) - (라)

▌7~8▐ 다음 글을 읽고 물음에 답하시오.

〈N상호금융, 모바일 전용 「주머니(Money) 통장/적금」 출시〉

N상호금융이 28일 비대면 수신상품 주머니(Money) 통장과 주머니 적금을 출시하고 대고객 이벤트를 실시한다고 밝혔다.

주머니 통장과 적금은 2030세대를 주요 가입대상으로 ⓐ개발한 상품으로 재미있는 저축(Fun Saving)을 모토로 의식적인 저축 활동 없이도 쉽게 재테크를 하는 데 주안점을 뒀다.

주머니 통장은 입출금이 ⓑ자유로운통장에 여유자금 목표금액(마이포켓)을 설정한 후 일정기간 목표금액(평잔기준)을 달성하면 최고 연1.5%의 금리를 받을 수 있다. 입출금의 편리함과 정기예치 효과를 동시에 누리는 ⓒ장점이다. 주머니 적금은 모계좌에서 미리 설정한 잔돈을 적금으로 매일 적립해 주는 스윙(Swing)서비스를 통해 최고 연 5%대의 금리를 받을 수 있다.

N상호금융은 상품 출시를 기념해 9월 28일까지 '주머니에 쏙쏙' 이벤트를 펼친다. 주머니 통장과 적금을 동시 가입하는 고객을 대상으로 무작위 ⓓ추첨을 통해 갤럭시북 플렉스, 아이패드 프로, 다이슨 에어랩스타일러, 에어팟 프로 등 다양한 상품을 제공한다.

이재식 상호금융대표이사는 "주머니 통장·적금을 통해 고객들에게 편리하게 재테크 할 수 있는 기회가 되길 기대한다"며 "친근하고 간편한 N사, 고객과 함께하는 N사가 되도록 노력하겠다"고 말했다.

7. 다음 중 윗글을 바르게 이해한 것을 모두 고르면?

㉠ 주머니 통장과 주머니 적금은 은행에 가지 않고 만들 수 있는 금융상품이다.
㉡ 주머니 통장에 가입하여 통해 최고 연 5%대의 금리를 받을 수 있다.
㉢ 농협상호금융은 매월 28일 이벤트를 통해 고객에게 다양한 상품을 제공한다.
㉣ 주머니 통장과 주머니 적금은 재테크에 진입장벽은 낮춘 펀 세이빙의 일종으로 기획된 상품이다.

① ㉠, ㉡
② ㉡, ㉢
③ ㉡, ㉢, ㉣
④ ㉠, ㉣

8. 윗글에서 밑줄 친 ⓐ~ⓔ를 우리말 어법에 맞고 언어 순화에 적절하도록 고치려고 할 때, 다음 중 가장 적절하지 않은 것은?

① ⓐ 개발한 → 개발된
② ⓑ 자유로운통장에 → 자유로운 통장에
③ ⓒ 장점이다 → 장점이 있다.
④ ⓓ 추첨 → 추천

▌9~10▐ 다음 글을 읽고 물음에 답하시오.

역사는 사회에서 벌어진 일들을 모두 쓰지는 않는다는 면에서 일기와 같다. 다만, 중요한 일들이 어떻게 벌어지고 이어지는지를 좀 더 차분하고 치밀하게 적어 나갈 뿐이다. 그렇다면 어떤 일이 중요한지, 원인과 결과는 무엇인지 누가 따질까? 그것은 역사가가 하는 일이다. 역사가는 여러 자료를 살펴보면서 앞뒤가 어떻게 연결되는지, 그로 말미암아 사람들의 생활과 모습은 얼마나 달라졌는지 저울질해 본다. 이 과정에서 여기저기 널려 있는 사실들을 촘촘히 연결하고 다듬어서 우리의 삶에 지침이 되는 보석 같은 가르침으로 만드는 것이 바로 역사가의 몫이다.

역사가는 옛날에 있었던 일을 오늘날의 눈으로 보고 내일을 생각하며 기록한다. 역사가는 탐구의 대상인 '옛날의 일' 못지않게 오늘날의 시각을 중요하게 여긴다. 때로는 역사적 사실에 대해서 이전과는 다르게 오늘날의 입장에서 새롭게 해석하는 경우도 있다. 후삼국 시대 후고구려(태봉)의 왕 궁예는 미륵보살 행세를 한 폭군으로 사료에 기록되어 있다. 그런데 이러한 궁예에 대해 '미륵의 마음으로 백성들의 고통을 어루만져 주면서 이상적인 군주를 꿈꾸다 반대파에 의해 쫓겨났다.', '궁예를 무찌른 왕건 세력에 의해 미치광이 취급을 당하였다.' 등의 새로운 해석이 나오고 있다. 궁예에 대한 이러한 해석들은 역사적 사건의 기록에 오늘날의 관점이 얼마나 크게 작용하는지를 보여준다.

그러면 역사적 사건이 개인의 삶과는 무슨 관계가 있을까? 1997년에 일어난 IMF 사태를 떠올려 보자. 많은 사람들이 직장을 잃었고, 경제적 빈곤으로 아픔을 겪었다. 그리고 몇 년간의 노력 끝에 우리는 IMF 사태를 벗어났다. 이러한 일은 우리가 원하든 원하지 않든 간에 벌어지는 사회적인 문제이다. 우리는 이 사건을 통해 대한민국이라는 '사회'의 문제가 한 개인의 삶을 '개인'의 의지와는 상관없는 방향으로 바꾸어 버릴 수도 있음을 확인했다. IMF와 같은 사회적 문제가 곧 역사적 사건이 된다. 이처럼 역사적 사건은 한 개인의 삶에 결정적인 영향을 미치는 것이다.

그렇다면 현대와 같은 정보화 사회에서도 역사는 여전히 그 효용 가치를 지니는가? 역사는 왠지 정보화 사회에 맞지 않는다거나, 컴퓨터에 넣기에는 너무나 구닥다리라는 사람들이 있다. 그러나 과연 이 생각이 옳은 것인지는 한 번 생각해 볼 일이다. 왜냐하면 역사란 단순한 과거의 기록이 아닌 우리가 살아가야 할 미래를 위해 꼭 필요한 삶의 지침서이기 때문이

다. 가령 자동차를 타고 낯선 곳을 여행하는 두 사람이 있다고 해 보자. 한 사람은 지명만 알고 찾아가는 사람이고, 다른 사람은 지도와 나침반이 있다고 할 때, 누가 더 목표 지점에 정확하게 도착할 수 있겠는가? 대답은 명확하다. 즉 역사는 과거를 통해 우리의 위치와 목표를 확인하게 하고 미래를 향한 가장 올바른 길을 제시하는 것이다.

인간의 삶은 정해지지 않은 미래를 향해 나아가는 항해이다. 인생이라는 항해에서 가장 중요한 것은 목표를 정하는 것과 그 목표를 찾아가는 방법을 선택하는 것이다. 올바른 목표가 없으면 의미 없는 삶이 되고 방법이 올바르지 않다면 성취가 불가능하기 때문이다. 삶의 과정에서 역사는 올바른 길이 무엇인가를 판단하는 안목을 길러주고 실천 의지를 강화시켜 준다. IMF를 전혀 모르는 사람과 단지 부끄러운 하나의 역사적 사건으로만 인식하는 사람, 그리고 위기와 극복의 과정을 통해 IMF가 지닌 역사적 의미를 깨달은 사람의 삶은 분명 다를 것이다. 지나간 과거의 역사는 오늘날 우리가 가진 가장 확실한 참고서이다. 그러므로 의미 있는 삶을 원한다면 옛날로 돌아가 그들의 일기를 읽어볼 일이다.

---

9. 제시된 글의 중심내용을 이끌어내기에 가장 적절한 것은?

① 역사학의 새로운 동향은 무엇인가?
② 역사는 어떤 과정을 통해 이루어지는가?
③ 역사를 공부하는 이유는 무엇인가?
④ 올바른 역사가의 자세는 무엇인가?

10. 다음 중 글쓴이의 궁극적 견해와 가장 유사한 것은?

① 각자의 조그만 행동이 모여 조화를 이루는 것이 역사이다.
② 역사는 인간을 현명하고 지혜롭게 만들어 주는 영약이다.
③ 모든 역사는 한 개인의 생각에서 시작된다.
④ 훌륭한 역사가란 자신의 생각을 철저히 배제하는 사람이다.

▌11~12▐ 일정한 규칙으로 숫자들이 나열되어 있다. 빈칸에 들어갈 알맞은 숫자는?

11.

8 9 13 22 38 63 (   )

① 89   ② 93
③ 99   ④ 102

12.

12 24 20 40 36 72 68 ( )

① 122   ② 136

③ 139   ④ 142

13. A사의 진급 테스트에서 20문제에서 한 문제를 맞추면 3점을 얻고, 틀리면 2점을 감점한다고 한다. 甲이 20문제를 풀어 40점의 점수를 얻었을 때, 甲이가 틀린 문제 수는?

① 2개   ② 3개

③ 4개   ④ 15개

14. 강 대리와 유 대리가 가위바위보를 하여 이긴 사람은 2계단씩 올라가고 진 사람은 1계단씩 내려가기로 하였다. 가위바위보 게임을 하여 처음보다 강대리는 7계단을 올라가 있었고 유대리는 2계단 내려와 있었을 때 강대리가 이긴 횟수는? (단, 비기는 경우는 생각하지 않는다.)

① 1회   ② 2회

③ 3회   ④ 4회

15. 5명의 사원 A, B, C, D, E가 김밥, 만두, 쫄면 중에서 서로 다른 2종류의 음식을 표와 같이 선택하였다. 이 5명 중에서 임의로 뽑힌 한 사원이 만두를 선택한 사원일 때, 이 사원이 쫄면도 선택하였을 확률은?

	A	B	C	D	E
김밥	○	○		○	
만두	○	○	○		○
쫄면			○	○	○

① $\frac{1}{4}$ ② $\frac{1}{3}$

③ $\frac{1}{2}$ ④ $\frac{2}{3}$

16. ○○사의 디자인 공모 대회에 윤 사원이 참가하였다. 참가자는 두 항목에서 점수를 받으며, 각 항목에서 받을 수 있는 점수는 표와 같이 3가지 중 하나이다. 윤 사원이 각 항목에서 점수 A를 받을 확률이 $\frac{1}{2}$, 점수 B를 받을 확률은 $\frac{1}{3}$, 점수 C를 받을 확률은 $\frac{1}{6}$이다. 관객 투표 점수를 받는 사건과 심사 위원 점수를 받는 사건이 서로 독립일 때, 윤 사원이 받는 두 점수의 합이 70일 확률은?

항목＼점수	점수 A	점수 B	점수 C
관객 투표	40	30	20
심사 위원	50	40	30

① $\frac{1}{3}$ ② $\frac{11}{36}$

③ $\frac{5}{18}$ ④ $\frac{1}{4}$

┃17~18┃ 다음 〈표〉는 2018년과 2019년 甲사의 창업아이디어 공모자를 대상으로 직업과 아이디어 진행 단계를 조사한 자료이다. 물음에 답하시오.

〈창업아이디어 공모자의 직업 구성〉

(단위 : 명, %)

직업	2018		2019		합계	
	인원	비율	인원	비율	인원	비율
교수	34	4.2	183	12.5	217	9.6
연구원	73	9.1	118	8.1	ⓐ	8.4
대학생	17	2.1	74	5.1	91	4.0
대학원생	31	3.9	93	6.4	ⓑ	5.5
회사원	297	37.0	567	38.8	864	38.2
기타	350	43.6	425	29.1	775	34.3
계	802	100.0	1,460	100	2,262	100

〈창업아이디어 공모자의 아이디어 진행단계〉

(단위 : 명, %)

창업단계	2018	2019	합계	
			인원	비중
구상단계	79	158	237	10.5
기술개발단계	291	668	959	42.4
시제품제작단계	140	209	ⓒ	15.4
시장진입단계	292	425	717	31.7
계	802	1,460	1,913	100

※ 복수응답 및 무응답은 없음

17. 주어진 자료에 대한 설명으로 옳은 것은?

① 2019년 회사원 공모자의 전년대비 증가율은 90%를 넘지 못한다.

② 창업아이디어 공모자의 직업 구성의 1위와 2위는 2018년과 2019년 동일하다.

③ 2018년에 기술개발단계에 공모자수의 비중은 40% 이상이다.

④ 기술개발단계에 있는 공모자수 비중의 연도별 차이는 시장 진입단계에 있는 공모자수 비중의 연도별 차이보다 크다.

18. 제시된 자료에서 ⓐ~ⓒ에 들어갈 수의 합은?

① 436

② 541

③ 664

④ 692

❚19~20❚ 다음 자료는 친환경인증 농산물의 생산 현황에 관한 자료이다. 물음에 답하시오.

〈종류별 친환경인증 농산물 생산 현황〉

(단위 : 톤)

| 구분 | 2018 | | | | 2017 |
	합	유기 농산물	무농약 농산물	저농약 농산물	
곡류	343,380	54,025	269,280	20,075	371,055
과실류	341,054	9,116	26,850	305,088	457,794
채소류	585,004	74,750	351,340	158,914	753,524
서류	41,782	9,023	30,157	2,602	59,407
특용작물	163,762	6,782	155,434	1,546	190,069
기타	23,253	14,560	8,452	241	20,392
계	1,498,235	168,256	841,513	488,466	1,852,241

〈지역별 친환경인증 농산물 생산 현황〉

(단위 : 톤)

| 구분 | 2018 | | | | 2017 |
	합	유기 농산물	무농약 농산물	저농약 농산물	
서울	1,746	106	1,544	96	1,938
부산	4,040	48	1,501	2,491	6,913
대구	13,835	749	3,285	9,801	13,852
인천	7,663	1,093	6,488	82	7,282
광주	5,946	144	3,947	1,855	7,474
대전	1,521	195	855	471	1,550
울산	10,859	408	5,142	5,309	13,792
세종	1,377	198	826	353	0
경기도	109,294	13,891	71,521	23,882	126,209
강원도	83,584	17,097	52,810	13,677	68,300
충청도	159,495	29,506	64,327	65,662	65,662
전라도	611,468	43,330	43,330	124,217	922,641
경상도	467,259	52,567	176,491	238,201	457,598
제주도	20,148	8,924	8,855	2,369	16,939
계	1,498,235	168,256	841,513	488,466	1,852,241

19. 주어진 자료에 대한 설명으로 옳은 것은?

① 친환경인증 농산물의 전 종류는 전년도에 비해 생산량이 감소하였다.

② 2018년 친환경인증 농산물의 종류별 생산량에서 유기 농산물의 비중은 채소류보다 곡류가 더 높다.

③ 2018년 각 지역 내에서 인증 형태별 생산량 순위가 서울과 같은 지역은 인천뿐이다.

④ 2018년 친환경인증 농산물의 전년대비 생산 감소량이 가장 큰 종류는 과실류이다.

20. 2018년 친환경인증 농산물의 생산량이 전년대비 30% 이상 감소한 지역을 모두 포함한 것은?

① 부산, 전라도

② 서울, 부산

③ 광주, 강원도

④ 강원도, 충청도

21. K사는 사내 식사 제공을 위한 외식 업체를 선정하기 위해 다음과 같이 5개 업체에 대한 평가를 실시하였다. 다음 평가 방식과 평가 결과에 의해 외식 업체로 선정될 업체는 어느 곳인가?

〈최종결과표〉

(단위 : 점)

	A업체	B업체	C업체	D업체	E업체
제안가격	85	95	80	93	92
위생도	93	90	81	92	91
업계평판	94	91	91	91	93
투입인원	90	92	85	90	90

※ 각 평가항목별 다음과 같은 가중치를 부여하여 최종 점수 고득점 업체를 선정한다.
- 투입인원 점수 15%
- 업계평판 점수 15%
- 위생도 점수 30%
- 제안가격 점수 40%

※ 어느 항목이라도 5개 업체 중 최하위 득점이 있을 경우(최하위 점수가 90점 이상일 경우 제외), 최종업체로 선정될 수 없다.

※ 동점 시, 가중치가 높은 항목 순으로 고득점 업체가 선정

① A업체　　　　② B업체
③ C업체　　　　④ D업체

22. 다음 글의 내용이 모두 참일 때, 타 지점에서 온 직원들의 지역으로 옳은 것은?

직원들은 전국 지점 직원들이 모인 캠프에서 만난 세 사람에 대한 이야기를 하고 있다. 이들은 캠프에서 만난 타 지점 직원들의 이름은 정확하게 기억하고 있다. 하지만 그들이 어느 지역에서 일하고 있는지에 대해서는 그렇지 않다.

이 사원 : 甲은 대구, 乙이 울산에서 일한다고 했어, 丙이 부산 지점이라고 했고.

김 사원 : 甲이랑 乙이 울산에서 일한다고 했지. 丙은 부산이 맞고.

정 사원 : 다 틀렸어. 丙이 울산이고 乙이 대구에서, 甲이 부산에서 일한다고 했어.

세 명의 직원들은 캠프에서 만난 직원들에 대하여 각각 단 한 명씩의 일하는 지역을 알고 있으며 캠프에서 만난 직원들이 일하는 지역은 부산, 울산, 대구 지역 외에는 없고, 모두 다른 지역에서 일한다.

① 甲 – 대구, 乙 – 울산, 丙 – 부산
② 甲 – 대구, 乙 – 부산, 丙 – 울산
③ 甲 – 울산, 乙 – 부산, 丙 – 대구
④ 甲 – 부산, 乙 – 울산, 丙 – 대구

23. 다음 글의 내용이 참일 때, 반드시 참인 것은?

신메뉴 개발에 성공한다면, 가게에 손님이 늘거나 신메뉴와 함께 먹을 수 있는 메뉴들의 판매량이 늘어날 것이다. 만일 가게의 매출이 상승한다면, 신메뉴 개발에 성공한 것이다. 그리고 만일 가게의 매출이 상승한다면, 새직원을 뽑지 않는다는 전제 하에서 가게의 순수입이 늘어난다. 손님이 늘진 않았지만 가게의 매출은 상승했다. 그러나 새직원을 뽑는다면, 인건비 상승으로 순수입은 늘지 않는다. 반드시 새직원을 뽑아야 한다.

① 다른 메뉴들의 판매량이 늘어난다.
② 순수입이 늘어난다.
③ 신메뉴 개발에 성공한다면, 순수입이 늘어난다.
④ 신메뉴 개발에 성공한다면, 새직원을 뽑지 않아도 된다.

24. 다음은 한 국가 시험에 대한 자료이다. 시험의 일부 면제 대상이 되지 않는 경우는?

○ 응시자격
- 제한 없음
○ 시험 과목
- 1차 시험 : ①「상법」보험편, ②「농어업재해보험법령」및 농업재해보험손해평가요령(농림축산식품부고시 제2015-20호), ③ 농학 개론 중 재배학 및 원예작물학
- 2차 시험 : ① 농작물재해보험 이론과실무, ② 농작물재해보험 손해평가 이론과 실무
○ 합격자 결정방법
- 제1차 시험 및 제2차 시험
－매 과목 100점을 만점으로 하여 매 과목 40점 이상과 전 과목 평균 60점 이상인 사람을 합격자로 결정
○ 시험의 일부면제
① 시험에 의한 제1차 시험 면제
제1차 시험에 합격한 사람에 대해서는 다음 회에 한정하여 제1차 시험을 면제함.(단 경력서류제출로 제1차 시험 면제된 자는 농어업재해보험법령이 개정되지 않는 한 계속 면제)
② 경력 또는 자격에 의한 제1차 시험 면제(다음 각 호의 어느 하나에 해당)
- 손해평가인으로 위촉된 기간이 3년 이상인 사람으로서 손해평가 업무를 수행한 경력이 있는 사람(「농어업재해보험법」 제11조 제1항)
- 손해사정사(「보험업법」 제186조)
- 아래 인정기관에서 손해사정 관련 업무에 3년 이상 종사한 경력이 있는 사람
－「금융위원회의 설치 등에 관한 법률」에 따라 설립된 금융감독원
－농업협동조합중앙회
－「보험업법」 제4조에 따른 허가를 받은 손해보험회사

- 「보험업법」 제175조에 따라 설립된 손해보험협회
- 「보험업법」 제187조 제2항에 따른 손해사정을 업(業)으로 하는 법인
- 「화재로 인한 재해보상과 보험가입에 관한 법률」 제11조에 따라 설립된 한국화재보험협회

① 농업협동조합중앙회에서 4년 전부터 일하고 있는 A씨
② 손해사정사 자격으로 1년간 일한 경력이 있는 B씨
③ 직전 회차 1차 시험에서 과목별로 55점, 62점, 72점을 받은 C씨
④ 손해평가 업무를 해본 적은 없지만 손해평가인으로 위촉된 기간이 5년 이상인 D씨

▌25~26 ▌ 아래의 글을 보고 물음에 답하시오.

A : 이번 조 작가님의 소설이 20주 동안 판매율 1위입니다. 이 소설을 영화화하는 건 어떨까요?
B : 영화화하긴 무리가 있는 것 같습니다.
A : 왜요? 소설을 읽어 보셨나요?
B : 소설을 읽어 본 것은 아니지만 지난번 강 작가의 소설도 영화로 만들다가 흥행은커녕 손익분기점도 넘기지 못했지 않습니까. 소설로 만들어진 작품은 영상으로 옮기는 데에 한계가 있어요.
C : 아무래도 그렇죠. 강 작가님 소설도 오랫동안 베스트셀러였는데, 아무래도 대중들은 소설을 영화화한 작품을 좋아하지 않는 것 같아요.

25. 주어진 대화에 나타난 논리적 오류의 유형은?

① 인신공격의 오류
② 성급한 일반화의 오류
③ 힘에 의존하는 오류
④ 논점 일탈의 오류

26. 위 대화에서 나타난 논리적 오류와 다른 유형의 오류가 나타나고 있는 것은?

① 내 친구들은 20살이 넘어서는 만화를 안 봐. 만화는 어린이들만 보는 거야.
② 내가 영국인과 토론을 해봤는데 별로 아는 게 없더라. 영국인은 무식한 것 같아.
③ 쟤 머리색 좀 봐. 저것만 봐도 쟤네 집안이 어떤 집안인지 알겠다.
④ 이 대리는 나랑 친하니까 이따 내 기획안에 찬성해 줘.

27. 다음은 상습체납자에 대한 자료이다. 이에 대한 설명으로 옳지 않은 것은?

제00조(포상금의 지급) 국세청장은 체납자의 은닉재산을 신고한 자에게 그 신고를 통하여 징수한 금액에 다음 표의 지급률을 적용하여 계산한 금액을 포상금으로 지급할 수 있다. 다만 포상금이 20억 원을 초과하는 경우, 그 초과하는 부분은 지급하지 아니한다.

징수금액	지급률
2,000만 원 이상 2억 원 이하	100분의 15
2억 원 초과 5억 원 이하	3,000만 원+2억 원 초과 금액의 100분의 10
5억 원 초과	6,000만 원+5억 원 초과 금액의 100분의 5

제00조(고액·상습체납자 등의 명단 공개) 국세청장은 체납발생일부터 1년이 지난 국세가 5억 원 이상인 체납자의 인적사항, 체납액 등을 공개할 수 있다. 다만 체납된 국세가 이의신청·심사청구 등 불복청구 중에 있거나 그 밖에 대통령령으로 정하는 사유가 있는 경우에는 그러하지 아니하다.

제00조(관허사업의 제한)
① 세무서장은 납세자가 국세를 체납하였을 때에는 허가·인가·면허 및 등록과 그 갱신 (이하 '허가 등'이라 한다)이 필요한 사업의 주무관서에 그 납세자에 대하여 그 허가 등을 하지 아니할 것을 요구할 수 있다.
② 세무서장은 허가 등을 받아 사업을 경영하는 자가 국세를 3회 이상 체납한 경우로서 그 체납액이 500만 원 이상일 때에는 그 주무관서에 사업의 정지 또는 허가 등의 취소를 요구할 수 있다.
③ 제1항 또는 제2항에 따른 세무서장의 요구가 있을 때에는 해당 주무관서는 정당한 사유가 없으면 요구에 따라야 하며, 그 조치결과를 즉시 해당 세무서장에게 알려야 한다.

제00조(출국금지 요청 등) 국세청장은 정당한 사유 없이 5,000만 원 이상 국세를 체납한 자에 대하여 법무부장관에게 출국금지를 요청하여야 한다.

① 甲은 다른 팀 권 부장이 2억 원 상당의 은닉자산이 있는 것을 신고하여 포상금 3,000만 원을 받았다.
② 乙은 허가를 받아 사업을 경영하는 중에 법에서 정한 정당한 사유 없이 국세 1억 원을 1회 체납한 자로 세무서장은 주무관서에 乙의 허가의 취소를 요구할 수 있다.
③ 丙은 7억 원 상당의 국세를 2018년 1월 12일부터 2020년 8월 10일 현재까지 체납하고 있으므로 국세청장은 丙의 체납자의 인적사항, 체납액 등을 공개할 수 있다.
④ 丁은 법에서 정한 정당한 사유 없이 6,500만 원이 국세를 체납하여 출국금지 대상이 되었다.

28. 다음은 K기업의 식당 점심식단을 정하는 방법이다. 주어진 방법에 따라 식단을 구성할 때 〈점심식단〉에 대한 설명으로 옳지 않은 것은?

- 한 끼의 식사는 밥, 국 김치, 기타 반찬, 후식 각 종류별로 하나의 음식을 포함하며, 요일마다 각 영양사가 담당한 음식으로 이번 주의 점심식단을 짜고자 한다.
- 밥은 4가지, 국은 5가지, 김치는 2가지, 기타 반찬은 5가지, 후식은 4가지가 준비되어 있다.

종류 \ 영양사	甲	乙	丙	丁
밥	흰밥	–	콩나물밥	짜장밥, 곤드레나물밥
국	뭇국	콩나물국, 사골국	청국장	아욱된장국
김치	–	배추김치, 열무김치	–	–
기타반찬	–	제육볶음	계란말이, 진미채볶음 소세지볶음	메추리알 장조림
후식	식혜, 요구르트	수정과	푸딩	–

- 점심식단을 짜는 조건은 아래와 같다.
  - 총 20가지의 음식은 이번 주 점심식단에 적어도 1번씩은 오른다.
  - 乙과 甲이 담당하는 음식은 각각 적어도 1가지씩 매일 식단에 오른다.
  - 하루에 乙이 담당하는 음식이 3가지 이상 오를 시에는 甲이 담당하는 음식 2가지가 함께 나온다.
  - 목요일에만 丁이 담당하는 음식이 없다.
  - 금요일에는 丙이 담당하는 음식이 2가지 나온다.
  - 일주일 동안 2번 나오는 후식은 식혜뿐이다.
  - 후식에서 같은 음식이 이틀 연속 나올 수 없다.

〈점심식단〉

종류 \ 요일	월요일	화요일	수요일	목요일	금요일
밥	콩나물밥	흰밥			곤드레나물밥
국		청국장	콩나물국	사골국	
김치	배추김치	열무김치	열무김치		
기타반찬			진미채볶음	제육볶음	소세지볶음
후식		수정과			

① 월요일의 국은 丁이 담당하는 음식이다.
② 금요일 후식은 푸딩이다.
③ 화요일의 기타 반찬은 메추리알 장조림이다.
④ 수요일의 후식은 식혜이다.

┃**29~30**┃ 다음은 △△보일러의 소비자 분쟁해결기준이다. 물음에 답하시오.

분쟁유형	해결기준	비고
1) 구입 후 10일 이내에 정상적인 사용상태에서 발생한 성능·기능상의 하자로 중요한 수리를 요할 때	제품교환 또는 구입가 환급	교환 및 환급에 따른 비용계산 : 제설비에 따른 시공비용 포함
2) 구입 후 1개월 이내에 정상적인 사용상태에서 발생한 성능·기능상의 하자로 중요한 수리를 요할 때	제품교환 또는 무상 수리	
3) 품질보증기간 이내에 정상적인 사용상태에서 발생한 성능·기능상의 하자발생		품질보증기간 이내에 동일 하자에 대해 2회까지 수리하였으나 하자가 재발하는 경우 또는 여러 부위 하자에 대해 4회까지 수리하였으나 하자가 재발하는 경우는 수리 불가능한 것으로 봄
-하자 발생 시	무상수리	
-수리 불가능 시	제품교환 또는 구입가 환급	
-교환 불가능 시	구입가 환급	
-교환된 제품이 1개월 이내에 중요한 수리를 요할 때	구입가 환급	
4) 수리용 부품을 보유하고 있지 않아 (부품의무보유 기간 이내) 발생한 피해		
-품질보증기간 이내		
• 정상적인 사용상태에서 성능기능상의 하자로 인해 발생한 경우	제품교환 또는 환급	감가상각한 잔여금의 계산은 구입가 - 감가상각비
• 소비자의 고의·과실로 인한 고장인 경우	정액감가상각비 공제 후 환급 또는 제품교환	
-품질보증기간 경과 후	정액감가상각한 잔여금액에 구입가의 10%를 가산하여 환급	
5) 품질보증기간 이내에 시공상의 하자가 있는 경우	무상수리 또는 배상(시공업자책임)	

29. 다음은 △△보일러의 소비자상담센터에 올라온 글이다. 문의 사항에 대한 적절한 대응은?

> 제목 : 제품 A/S 문의
> 작성일 : 20XX년 8월 7일
>
> 올해 봄에 △△보일러를 샀습니다. 제품을 정상적으로 사용하고 있던 중에 같은 문제로 세 번이나 수리를 했는데 또 고장이 났습니다. 품질보증기간은 2년인데, 더는 고쳐도 고쳐질 것 같지도 않은데 그냥 환불 받을 수는 없나요?

① 해당 제품은 품질 보증기간을 경과하였으므로 유상수리만이 가능합니다.

② 같은 하자사항에 대해서는 4회까지 수리받으시면 동일 상품으로 교환 가능합니다.

③ 해당 제품의 경우 소비자의 고의·과실로 인한 고장으로 정액감가상각한 잔여금액에 구입가의 10%를 가산하여 환급 가능합니다.

④ 품질보증기간 이내에 동일 하자에 대해 2회 이상 수리하셨으므로 수리 불가능한 것으로 보아 구입가 환불 가능합니다.

30. 소비자의 고의·과실로 보일러가 망가졌다. 품질보증기간과 부품의무보유기간 내에 수리를 요구했지만 해당 제품의 부품이 존재하지 않아 수리가 불가능하게 되었다. 소비자가 환불을 원할 때, 소비자는 해당 제품을 50만 원에 구매하였고, 감가상각비는 12만 원이다. 소비자에게 얼마를 환불해 줘야 해야 하는가?

① 54만 원

② 51만 원

③ 49만 원

④ 38만 원

31. 부산에서 근무하는 A씨는 N사와 미팅을 위해 2시까지 N사에 도착해야 한다. 집에서 기차역까지 30분, 고속터미널까지 15분이 걸린다. 교통비와 스케줄이 다음과 같을 때, A씨의 선택은 무엇인가? (단, 도착시간이 빠른 것을 우선순위로 두고, 도착시간이 동일하다면 비용이 저렴한 것을 우선순위로 한다.)

방법	출발시간	환승시간	이동시간	회사까지 걷는 시간	비용(원)
(가) 기차	8:25	-	5시간	10분	9만
(나) 고속버스 → 버스	7:15	10분	6시간		7만 2천
(다) 기차 → 버스	7:20	20분	5시간 30분		9만 2천
(라) 고속버스	8:05	-	5시간 25분		7만

① (가)

② (나)

③ (다)

④ (라)

32. 다음은 예산에서 비용의 구성요소를 나타낸 것이다. 보기 중 직접비용으로만 묶인 것은?

> • 재료비 　　　• 광고비
> • 통신비 　　　• 인건비
> • 출장비 　　　• 건물관리비

① 재료비, 광고비, 통신비

② 통신비, 출장비, 건물관리비

③ 광고비, 인건비, 건물관리비

④ 재료비, 인건비, 출장비

33. 다음 중 가장 많은 성과급을 받는 상위 3명을 순서대로 나열한 것으로 옳은 것은? (각 개인에게 팀 등급에 따른 성과급이 지급된다.)

이름	소속 팀	기본급
이승훈	영업 1팀	200만 원
최원준	영업 2팀	260만 원
신영희	영업 3팀	280만 원
남준혁	영업 4팀	230만 원
권영철	영업 5팀	320만 원

① 이승훈 – 신영희 – 권영철
② 최원준 – 남준혁 – 이승훈
③ 남준혁 – 권영철 – 신영희
④ 이승훈 – 권영철 – 남준혁

34. ○○시에서는 연못 조성 관리를 위해 가로 길이가 10m, 세로 길이가 8m인 연못둘레에 가로등을 설치하려고 한다. 다음 중 예산 사용을 최소한으로 한다면, 선택해야 하는 설치 조건은? (단, 모서리에 설치하는 가로등은 밝기가 5가 되어야 하며, 나머지는 조건에 따라 설치한다.)

> − 밝기는 총 1~5로 5단계가 있으며 밝기5는 가장 밝은 가로등을 의미한다.
> − 밝기5의 가로등 금액은 한 개당 30만 원이며, 밝기가 내려갈수록 금액 또한 5만 원씩 줄어든다.
>
> 1. 가로와 세로 모두 2m 간격으로 설치…㉮
>   • 가로와 세로 밝기를 3으로 한다.
>
> 2. 가로는 1m, 세로는 2m 간격으로 설치…㉯
>   • 가로의 밝기는 1, 세로의 밝기는 4로 한다.
>
> 3. 가로는 2.5m, 세로는 4m 간격으로 설치…㉰
>   • 가로의 밝기는 5, 세로의 밝기는 4로 한다.
>
> 4. 가로와 세로 모두 1m 간격으로 설치…㉱
>   • 가로와 세로 밝기 모두 1로 한다.

① ㉮
② ㉯
③ ㉰
④ ㉱

35. 다음은 어느 회사의 연차 제도를 나타낸 것이다. 현재 날짜는 2020년 8월 13일 일 때, 다음 자료를 보고 연차가 가장 많이 남은 사원을 고르면?

〈연차 제도〉	
재직 기간	연차 일수
1년 미만	5
1년 이상 2년 미만	6
2년 이상 4년 미만	8
4년 이상 7년 미만	11
7년 이상	13

※ 표는 기본 연차일수를 나타낸 것이며 직급과 지난 성과에 따라 연차일수는 추가됩니다.
  • 대리 : +2일, 과장·차장 : +3일, 부장 : +5일
  • 성과 → 70~79점 : +1일, 80~89점 : +2일, 90~100점 : +3일
※ 반차 1회 사용 시 연차를 0.5일로 계산합니다.

① 2018년 8월 20일에 입사한 사원 A는 지난 성과에서 95점을 받았으며, 연차 1일과 반차 3회를 사용하였다.
② 2019년 10월 30일에 입사한 부장 B는 지난 성과에서 57점을 받았으며, 연차 3일을 사용하였다.
③ 2016년 11월 5일에 입사한 대리 C는 지난 성과에서 72점을 받았으며, 연차 4일과 반차 4회를 사용하였다.
④ 2015년 2월 1일에 입사한 차장 D는 지난 성과에서 69점을 받았으며, 연차 2일과 반차 9회를 사용하였다.

〈주문 시 유의사항〉

1) 티셔츠 금액은 1개당 6,000원이다.
2) 동일한 색상으로 50개 이상 주문할 경우 10% 할인
3) 다음의 경우 추가금액이 발생한다.
 - XXL 사이즈는 티셔츠 1개당 500원의 추가금액이 발생한다.
 - 티셔츠에 로고를 인쇄하면 1개당 500원의 추가금액이 발생한다.
 ※ 할인은 총 금액 기준으로 적용된다.

〈워크숍 단체 티셔츠 사이즈 및 수량 조사〉

• A 본부(총 28명)
- 연분홍, 로고 인쇄 안 함

사이즈	수량
S	3
M	5
L	11
XL	6
XXL	1
합계	26

• B 본부(총 16명)
- 연분홍, 로고 이미지 첨부

사이즈	수량
S	0
M	5
L	2
XL	2
XXL	6
합계	15

• C 본부(총 20명)
- 연분홍, 로고 이미지 첨부

사이즈	수량
S	5
M	4
L	5
XL	3
XXL	0
합계	17

※ 수량조사 하지 못한 각 본부별 인원은 그 본부에서 가장 많은 사이즈의 티셔츠 수량에 추가해서 주문하기로 했다.

36. 회사에서 지원하는 금액으로 단체 티셔츠를 주문하려고 한다. 총 지원 금액은 얼마인가?

① 365,400원 ② 371,750원
③ 372,250원 ④ 341,950원

37. 워크숍에 추가로 참여하게 된 N사 신입사원 명단이 다음과 같을 때, 기존 지원 금액보다 얼마를 더 추가로 지원해야 하는가?

이름	소속 본부	사이즈	이름	소속 본부	사이즈
최진영	B	XL	박원규	C	XXL
김민지	A	M	민도윤	B	XL
남윤정	A	L	정다민	C	S

① 31,200원 ② 33,550원
③ 34,650원 ④ 37,120원

38. 점포의 다양한 매력을 고려한 MCI(Multiplicative Competitive Interaction)모형에서 상품구색 효용, 판매원의 서비스 효용, 상업시설까지의 거리 효용 등을 포함하는 각종 인적자원 및 물적 자원에 대한 효용이 아래와 같을 때, B마트를 찾을 경우에 그 확률은 얼마인가?

〈성업시설 명단 및 효용치 구분〉

구분		상품구색에 대한 효용치	판매원서비스에 대한 효용치	상업시설까지의 거리에 대한 효용치
A	할인점	10	3	5
B	마트	5	4	5
C	상점가	2	5	10
D	백화점	5	5	6

① 10% ② 20%
③ 30% ④ 40%

■39~40■ N사에서는 올해 팜스테이 경영 우수 사례에 대해 포상하려고 한다. 심사기준이 다음과 같다고 할 때, 이어지는 각 물음에 답하시오.

〈심사 기준〉

구분	배점	비고
유지 연수	20점	• 5년 미만 : 배점의 80% 점수 부과 • 5년 이상~10년 미만 : 배점의 90% 점수 부과 • 10년 이상 : 20점 만점
관광상품 개발 연도	10점	• 2020년도(올해) : 10점 만점 • 2018~2019년도 : 배점의 70% 점수 부과 • ~ 2017년도 : 배점의 50% 점수 부과
유치 관광객 증가율	30점	• 20% 이상: 30점 만점 • 10% 이상 20% 미만: 배점의 70% 점수 부과 • ~ 10% 미만: 배점의 50% 점수 부과
관광객 만족도	40점	• ★★★★★ : 40점 만점 • ★★★★ : 배점의 90% 부과 • ★★★ : 배점의 80% 부과 • ★★ : 배점의 70% 부과 • ★ : 배점의 60% 부과 ※ 만족도 별 개수는 반올림하여 평가 ex) 별 4.7개 → 별 5개로 인정
합계	100점	

※ 유치 관광객 수는 심사 일자를 기준으로 전년도 같은 날짜부터의 기간을 1년 단위로 하여 계산한다(1년 미만의 마을은 증가율을 0으로 본다).

39. A마을 ○○ 팜스테이는 2014년부터 운영되기 시작했으며, 올해 새로 선보인 '활쏘기 체험' 관광상품으로 전년대비 17% 이상 관광객이 증가하였다. 관광객들의 만족도 또한 높아서 별점 4.7을 기록하며 우수 마을 3위로 선정되었다. A마을이 받게 되는 포상금 금액은 얼마인가?

① 850만 원

② 870만 원

③ 890만 원

④ 910만 원

40. 상위권을 차지한 팜스테이 경영 사례가 다음과 같을 때, 1등 사례로 뽑힌 마을은?

마을	시작연도	관광상품 개발	관광객 수 2019	관광객 수 2020	관광객 만족도
A	2012	등산/래프팅(2015)	15만 명	20만 명	4.5
B	2017	대나무공예(2018)	12만 명	14만 명	4.2
C	2020	과일 수확(2020)	–	9만 명	4.9
D	2018	김치 담그기(2020)	16만 명	20만 명	4.0

① A 마을

② B 마을

③ C 마을

④ D 마을

41. 다음에서 설명하고 있는 조직 유형은?

- 구성원의 능력을 최대한 발휘하게 하여 혁신을 촉진할 수 있다.
- 동태적이고 복잡한 환경에 적합한 조직구조이다.
- 낮은 수준의 공식화를 특징으로 하는 유기적 조직구조이다.

① 애드호크라시(Adhocracy)

② 사업단위 조직

③ 계층적 조직

④ 네트워크 조직

42. 다음과 같은 조직의 특징으로 옳은 것은?

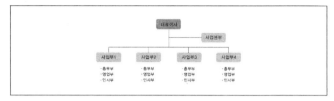

① 이 구조는 소기업에 적합하다.

② 재무적·전략적 통제가 약화된다.

③ 기업 성장을 약화시킨다.

④ 이 구조는 제품의 다각화를 추구한다.

|43~44| 다음은 작년의 사내 복지 제도와 그에 따른 4/4분기 복지 지원 내역이다. 올 1/4분기부터 복지 지원 내역의 변화가 있었을 때, 다음의 물음에 답하시오.

〈사내 복지 제도〉

구분	세부사항
주택 지원	사택지원 (1~6동 총 6개 동 120가구) 기본 2년 (신청 시 1회 2년 연장 가능)
경조사 지원	본인/가족 결혼, 회갑 등 각종 경조사 시 경조금, 화환 및 경조휴가 제공
학자금 지원	고등학생, 대학생 학자금 지원
기타	상병 휴가, 휴직, 4대 보험 지원

〈4/4분기 지원 내역〉

이름	부서	직위	세부사항	금액(천 원)
정희진	영업1팀	사원	모친상	1,000
유연화	총무팀	차장	자녀 대학 진학 (입학금 제외)	4,000
김길동	인사팀	대리	본인 결혼	500
최선하	IT개발팀	과장	병가(실비 제외)	100
김만길	기획팀	사원	사택 제공 (1동 702호)	–
송상현	생산2팀	사원	장모상	500
길태화	기획팀	과장	생일	50(상품권)
최현식	총무팀	차장	사택 제공 (4동 204호)	–
최판석	총무팀	부장	자녀 결혼	300
김동훈	영업2팀	대리	생일	50(상품권)
백예령	IT개발팀	사원	본인 결혼	500

43. 인사팀의 사원 Z씨는 팀장님의 지시로 작년 4/4분기 지원 내역을 구분하여 정리했다. 다음 중 구분이 잘못된 직원은?

구분	이름
주택 지원	김만길, 최현식
경조사 지원	정희진, 김길동, 길태화, 최판석, 김동훈, 백예령
학자금 지원	유연화
기타	최선하, 송상현

① 정희진

② 김동훈

③ 유연화

④ 송상현

44. 다음은 올해 1/4분기 지원 내역이다. 변경된 복지 제도 내용으로 옳지 않은 것은?

이름	부서	직위	세부사항	금액(천 원)
김태호	총무팀	대리	장인상	1,000
이준규	영업2팀	과장	자녀 대학 진학 (입학금 포함)	5,000
박신영	기획팀	사원	생일	50(기프트 카드)
장민하	IT개발팀	차장	자녀 결혼	300
백유진	기획팀	대리	병가(실비 포함)	200
배주한	인사팀	차장	생일	50(기프트 카드)

① 경조사 지원금은 직위와 관계없이 동일한 금액으로 지원됩니다.

② 배우자 부모 사망 시 경조사비와 본인 부모 사망 시 경조사비를 동일하게 지급합니다.

③ 직원 본인 병가 시 위로금 10만 원과 함께 병원비(실비)를 함께 지급합니다.

④ 생일 시 지급되는 상품권을 현금카드처럼 사용할 수 있는 기프트 카드로 변경 지급합니다.

45. 정 대리가 〈보기〉와 같은 업무를 처리하기 위하여 연관되어 있는 팀만으로 나열된 것은 어느 것인가?

> 〈보기〉
>
> 정 대리는 오늘 안에 반드시 처리해야 할 사안들을 정리하고 있다. 정 대리는 오늘 오전 회의에 들어가기 전에 전년도 경영실적 관련 자료를 받아서 정리해야 하고 회의가 끝나면 팀의 새로운 프로젝트의 기획안을 관련 부서에 보내야 한다. 오후에는 다음 주에 본사를 방문할 예정인 해외 바이어의 차량일정을 확인하여 상사에게 보고 해야 하며, 오늘 안에 자신의 지난분기 상벌점 점수도 확인해야 한다.

① 인사팀, 기획팀, 외환팀

② 회계팀, 기획팀, 총무팀, 인사팀

③ 회계팀, 기획팀, 외환팀, 총무팀

④ 총무팀, 인사팀, 기획팀, 회계팀

46. 다음 빈칸에 들어갈 조직 형태는 무엇인가?

> S금융, 계열사 IB · 글로벌 (ⓐ) 조직화
>
> S금융그룹이 S은행, S생명, S캐피탈, S금융투자, S카드 등 각 계열사 IB부문과 글로벌 부문을 통합해 (ⓐ) 조직화 한다.
>
> (ⓐ) 조직이란 프로젝트 조직과 기능식 조직을 절충한 방식으로 구성원 개인을 원래의 종적 계열과 함께 횡적 또는 프로젝트 팀의 일원으로서 임무를 수행하게 하는 조직 형태다. 한 사람의 구성원이 동시에 두 개 부문에 속하게 된다. (ⓐ) 조직은 프로젝트가 끝나면 원래 조직 업무를 수행한다는 특징이 있다.
>
> 22일 금융업계에 따르면 S금융은 조만간 계열사별 IB, 글로벌 부문을 통합 관리하는 조직을 확대 개편할 예정이다. 우선 IB부문은 기존 S은행과 S금투의 IB부문이 합쳐진 CIB그룹에 S생명, S캐피탈의 IB부문을 결합해 GIB(group investbank)로 확대할 계획이다. S금융지주는 GIB (ⓐ) 조직 규모를 3개 본부 이상으로 키울 것으로 알려졌다.
>
> 글로벌 부문도 S은행, S카드, S금융투자, S생명, S캐피탈 내 글로벌 조직을 (ⓐ) 형태로 바꿔 그룹 해외 전략을 총괄하게 될 전망이다. S금융지주는 다음 주 조직개편안을 확정하고 다음 달 조직개편을 단행할 전망이다.

① 네트워크

② 사업부

③ 수평구조

④ 매트릭스

47. 다음은 ◇◇ 기업의 조직도이다. 주어진 자료를 바르게 해석하지 못한 것은?

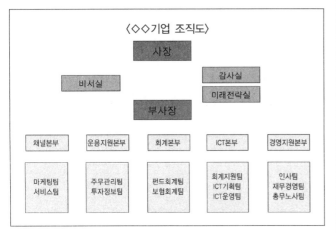

① 비서실은 따로 소속이 없으며 사장에게 직접 보고를 한다.

② 인사팀은 부사장 산하의 경영지원본부에 속해있다.

③ 사장과 직접 업무라인이 연결되어 있는 조직원은 4명이다.

④ 펀드회계팀과 회계지원팀은 본부장 결재 사항인 직원 경조사비에 대한 결제를 회계본부장에게 받는다.

48. 다음은 조직구조에 대한 그림이다. ㈎와 ㈏에 들어갈 조직구조는?

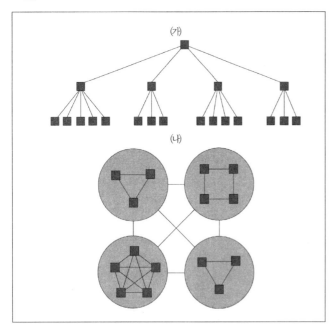

① 수평구조, 유기적 구조

② 수직구조, 기계적 구조

③ 유기적 구조, 기계적 구조

④ 기계적 구조, 유기적 구조

┃49∼50┃ 다음 甲기업의 〈결재규정〉를 보고 이어지는 물음에 답하시오.

〈결재규정〉

• 결재를 받으려는 업무에 대해서는 최고결재권자(사장)를 포함한 이하 직책자의 결재를 받아야 한다.

• '전결'이라 함은 회사의 경영활동이나 관리활동을 수행함에 있어 의사 결정이나 판단을 요하는 일에 대하여 최고결재권자의 결재를 생략하고, 자신의 책임 하에 최종적으로 의사 결정이나 판단을 하는 행위를 말한다.

• 전결사항에 대해서도 위임 받은 자를 포함한 이하 직책자의 결재를 받아야 한다.

• 표시내용 : 결재를 올리는 자는 최고결재권자로부터 전결 사항을 위임 받은 자가 있는 경우 결재란에 전결이라고 표시하고 결재가 불필요한 직책자의 결재란은 상향대각선으로 표시한다.

• 최고결재권자의 결재사항 및 최고결재권자로부터 위임된 전결사항은 아래의 표에 따른다.

〈전결규정〉

구분	내용	금액기준	결재서류	팀장	본부장	사장
출장비	출장 유류비, 출장 식대비	30만 원 이하	출장계획서, 청구서	■	●	
		30만 원 초과			■	●
교육비	교육비, 외부교육비 포함	50만 원 이하	기안서, 법인카드 신청서	●■		
		50만 원 초과			●■	
접대비	영업처 식대비, 문화접대비	40만 원 이하	접대비지출품의서, 지출결의서	■	●	
		40만 원 초과		■		●
경조사비	직원 경조사비	20만 원 이하	기안서, 경조사비지출품의서		●■	
		20만 원 초과			■	●

● : 지출결의서, 법인카드신청서, 각종 신청서 및 청구서
■ : 기안서, 출장계획서, 접대비지출품의서, 경조사비지출품의서

49. 다음은 위 결재규정을 바르게 이해하지 못한 것은?

① 영업팀 강 사원은 영업처 식대비로 50만원 상당의 접대비 지출품의서를 팀장님께 결재받았다.

② 서비스팀장은 시간당 20만 원을 지불해야 하는 강사를 초청하여 3시간 교육을 받을 예정이며 기안서를 작성해 본부장님께 최종 결재를 받았다.

③ 보험회계팀 윤 대리는 35만 원을 상당의 문화접대비 지출 결의서를 본부장님께 결재를 받았다.

④ 주문관리팀 이 사원의 부친상으로 법인카드신청서와 지출 결의서를 본부장님께 최종 전결 받았다.

50. 기획팀 사원인 슬기 씨는 지방출장으로 유류비 10만 원과 식대비 30만 원을 지불하였다. 다음의 결재규정에 따라 슬기 씨가 작성한 결재 양식으로 옳은 것은?

①

출장계획서			
결재	담당	팀장	본부장	최종결재
	슬기	전결	╱	팀장

②

출장계획서			
결재	담당	팀장	본부장	최종결재
	슬기		전결	본부장

③

출장계획서			
결재	담당	팀장	본부장	최종결재
	슬기		전결	사장

④

청구서			
결재	담당	팀장	본부장	최종결재
	슬기	전결		팀장

1. 다음 빈칸에 공통으로 들어갈 단어로 적절한 것은?

- 민주 정치의 (　　)은 고대 그리스에서 출발한다.
- 합격을 바라는 간절한 (　　)이 담겨있었다.
- 택이는 (　　)에 가서 바둑을 두는 것이 유일한 일과였다.

① 희망　　　　　　　② 소망
③ 염원　　　　　　　④ 기원

2. 다음 중 로마자 표기법과 외래어 표기법이 바른 것으로만 묶인 것은?

① 램프, 스넥, 광희문(Gwanghuimun)
② 스카우트, 브리지, 월곶(Wolgot)
③ 캣츠, 데스크, 합덕(Hapdeok)
④ 쇼파, 보디로션, 왕십리(Wangsimni)

3. 다음 중 발음이 옳은 것은?

① 강아지를 안고[앙꼬] 쇼핑을 했다.
② 이야기 하나로 사람들을 웃기기도[우ː끼기도]하고 울리기도 했다.
③ 무엇에 홀렸는지 넋이[넉씨] 다 나간 모습이었지.
④ 무릎과[무릅과] 무릎을 맞대고 협상을 계속한다.

4. 다음을 읽고 밑줄 친 단어의 '-ㅁ/-음'의 쓰임이 다른 것을 고르시오.

> **'-ㅁ/-음'에 대하여**
> 명사형 어미 : 동사의 어간 뒤에 붙어서 동사를 명사형이 되게 하는 역할을 한다. 동사의 명사형은 서술성이 있어 주어를 서술하며 품사가 변하지 않는다. 앞에 부사적 표현이 쓰일 수 있다.
> 접미사 : 동사의 어간 뒤에 붙어서 동사를 명사로 파생시킨다. 파생된 명사는 서술성이 없으므로 앞에 부사적 표현이 쓰일 수 없고, 관형어가 올 수 있다.

① 그 아이의 고단한 <u>삶</u>만 두고 따져본다면 무조건 비난만 할 수는 없다.
② 깊은 <u>잠</u>을 잔 것이 언제였는지 기억도 나지 않았다.
③ 어머니의 마지막 물음에 나는 작게 <u>웃음</u>으로써 답했다.
④ 얼마나 땀을 흘렸는지 얼음이 가득 담긴 물을 단숨에 들이켰다.

5. 다음 중 단어의 의미가 옳지 않은 것은?

① 동티 : 땅, 돌, 나무 따위를 잘못 건드려 지신(地神)을 화나게 하여 재앙을 받는 일. 또는 그 재앙.
② 뒤넘스럽다 : 주제넘게 행동하여 건방진 데가 있다.
③ 이골 : 아주 길이 들어서 몸에 푹 밴 버릇.
④ 덜퍽지다 : 침착하지 못하고 자꾸 거볍게 행동하다.

6. 다음 중 외래어 표기의 원칙이 바른 것은?

① 외래어의 음운에 따라 기호는 2개까지 허용한다.
② 파열음 표기는 가장 가까운 된소리를 사용한다.
③ 받침에는 'ㄱ, ㄴ, ㄹ, ㅁ, ㅂ, ㅅ, ㅇ'만을 쓴다.
④ 외래어는 국어의 현용 '41'자모로 적는다.

7. 다음 글에서 알 수 있는 중세국어의 특징으로 적절하지 않은 것은?

> 불·휘 기·픈 남·ᄀᆞᆫ ᄇᆞᄅ·매 아·니 :뮐·ᄊᆡ 곶:됴·코
> 여·름 ·하ᄂᆞ·니
> :ᄉᆡ·미 기·픈 ·므·른 ·ᄀᆞ·ᄆᆞ·래 아·니 그·츨·ᄊᆡ:
> 내·히 이·러 바·ᄅᆞ·래 ·가ᄂᆞ·니

① 종성은 초성을 이용하여 적는다.
② 연서법을 적용하였다.
③ 방점을 이용하여 소리의 높낮이를 나타내었다.
④ 모음조화가 형성되지 않았다.

8. 다음 중 훈몽자회의 특징으로 옳지 않은 것은?

① 중종 때 최세진이 편찬한 어린이 한자 학습서이다.
② 우리글의 명칭을 '한글'이라고 칭했다.
③ 8종성법을 사용하였다.
④ 한글 자모의 명칭을 부여하고 자모의 순서를 정하였다.

9. 작품에 나타난 현실과 실제의 현실이 맺고 있는 관련성에 초점을 맞추어 해석하는 관점은 어떤 것인가?

① 표현론적 관점

② 반영론적 관점

③ 효용론적 관점

④ 구조론적 관점

10. 비교되는 두 사물을 동일 관계로 표현하는 비유법의 예시로 가장 적절한 것은?

① 내 마음은 호수요.

② 고향 집 마당귀 바람은 잠을 자리.

③ 칼보다 펜이 강하다.

④ 순정은 물결같이 바람에 나부끼고

11. 다음 중 이육사의 작품이 아닌 것은?

① 광야　　　　　　② 절정

③ 참회록　　　　　④ 청포도

┃12~13┃ 다음 글을 읽고 물음에 답하시오.

이른바 규중칠우(閨中七友)는 부인내 방 가온데 일곱 벗이니 글하는 선배는 필묵(筆墨)과 조희 벼루로 문방사우(文房四友)를 삼았나니 규중 녀젠들 홀로 어찌 벗이 없으리오. 이러므로 침선(針線) 돕는 유를 각각 명호를 정하여 벗을 삼을 새, 바늘로 세요 각시(細腰閣氏)라 하고, 척을 척부인(戚夫人)이라 하고, 가위로 교두 각시(交頭閣氏)라 하고, 인도로 인화부인(引火夫人)이라 하고, 달우리로 울 랑자(娘子)라 하고, 실로 청홍흑백 각시(青紅黑白閣氏)라 하며, 골모로 감토 할미라 하여, 칠우를 삼아 규중 부인내 아츰 소세를 마치매 칠위 일제히 모혀 종시하기를 한가지로 의논하여 각각 소임을 일워 내는지라.

12. 이 글에 대한 설명으로 옳지 않은 것은?

① 사물을 의인화하여 세태를 풍자하고 있다.

② 인물의 성격이 뚜렷하게 드러나 있다.

③ '조침문'과 함께 내간체 소설의 백미로 꼽히는 작품이다.

④ 자신의 임무에 충실한 규중칠우를 통하여 겸손함의 미덕을 보여주고 있다.

13. 다음 중 규중 칠우의 별명을 짓게 된 근거가 다른 것은?

① 척부인　　　　　② 감토 할미

③ 교두 각시　　　　④ 세요각시

14. 다음 제시된 한자성어의 의미가 가진 주제가 다른 것은?

① 伯牙絕絃

② 金蘭之交

③ 琴瑟相和

④ 肝膽相照

15. 다음 내용에 어울리는 한자성어로 가장 적절한 것은?

옛것을 본받는 사람은 자취에 얽매이는 것이 문제다. 새것을 만드는 사람은 이치에 합당치 않은 것이 걱정이다. 진실로 능히 옛것을 본받으면서 변화할 줄 알고, 새것을 만들면서 법도에 맞을 수만 있다면 지금 글도 옛글만큼 훌륭하게 쓸 수 있을 것이다.

① 전전반측(輾轉反側)

② 온고지신(溫故知新)

③ 낭중지추(囊中之錐)

④ 후안무치(厚顏無恥)

16. 다음 제시된 유물을 사용했던 사회의 사회상을 바르게 말한 것은?

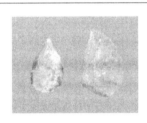

① 생산력이 낮아 공동체적 생활이 자리잡지 않았다.

② 무리를 이루어 큰 사냥감을 찾아다니며 이동생활을 하였다.

③ 혈연을 바탕으로한 씨족이 부족을 형성하였다.

④ 사유재산 제도와 계급이 발생하였다.

17. 다음 중 청동기 시대의 특징으로 옳지 않은 것은?

① 청동기 제작과 관련된 전문 장인이 출현하였다.

② 밑이 납작한 항아리 양쪽 옆으로 손잡이가 달린 모양의 토기를 사용하였다.

③ 청동은 농기구에 사용되지 않았다.

④ 중국의 영향을 받아 비파형 동검이 세형 동검으로 형태가 변하였다.

18. 한국 철기 시대의 주거 양상에 대한 설명으로 옳지 않은 것은?

① 움집 내의 화덕은 한쪽 벽으로 옮겨졌다.

② 원형의 송국리형 주거가 등장하였다.

③ 주거용 외에 창고, 공동작업 등 다양한 용도의 집터를 만들었다.

④ 정착생활의 규모가 점차 확대되었음을 알 수 있다.

19. 민며느리제와 골장제 풍속을 가지고 있는 나라로 옳은 것은?

① 옥저   ② 동예

③ 마한   ④ 고구려

20. 다음 밑줄 친 '왕'의 업적에 대한 설명으로 옳은 것은?

> 왕 19년에 금관국의 왕인 김구해가 왕비와 세 아들을 데리고 와 항복하였다.

① '영락'이라는 연호를 사용하였다.

② 백관의 공복을 제정하였다.

③ 왕호를 마립간에서 왕으로 변경하였다.

④ 고구려의 간섭을 배제하기 위해 나·제 동맹을 결성하였다.

21. 다음은 고려 태조의 정책이다. 이 중 정책의 목적이 다른 것은?

① 조세를 1/10로 경감하였다.

② 전란 중 억울하게 노비가 된 자를 해방

③ 사성정책

④ 흑창 설치

22. 다음 중 고려 광종이 사용한 연호로 옳은 것은?

① 광덕   ② 건원

③ 영락   ④ 건흥

23. 다음 중 조선 세종에 대한 설명으로 옳지 않은 것은?

① 집현전을 설치하였다

② 한글을 창제하였다.

③ 홍문관을 설치하였다.

④ 의정부 서사제로 정책을 심의 하였다.

24. 다음 중 조선시대 '중인'에 대한 설명으로 옳은 것은?

① 넓은 의미로는 중간 신분 계급이지만 좁게 보면 역관을 의미한다.

② 서리와 향리, 기술관은 직역이 세습되지 못했다.

③ 역관, 향리는 전문 기술이나 행정 실무를 담당하였다.

④ 전문 기술인으로 양인보다 존중받았다.

25. 다음 중 고려 숙종 때 주조한 화폐가 아닌 것은?

① 저화   ② 삼한통보

③ 해동중보   ④ 동국중보

26. 다음 중 동양에서 현존하는 가장 오래된 지도는?

① 혼일강리역대국도지도   ② 팔도도

③ 동국지도   ④ 조선방역지도

27. 다음 중 조선 후기 홍경래의 난의 발생 원인으로 옳지 않은 것은?

① 경상우병사 백낙신 탐학에 대한 저항

② 세도정치의 폐해

③ 백제에 대한 수령의 지나친 수탈

④ 자유로운 경제 활동을 억누르는 중앙의 간섭

28. 다음 중 흥선대원군이 시행한 정책을 옳지 않은 것은?

① 서원을 47개만 남기고 정리하였다.

② 경복궁 중건을 위해 원납전을 징수하였다.

③ 사창제를 실시하였다

④ 양반을 제외한 백성에게 모두 호포법을 실시하였다.

29. 다음 중 일제의 문화 통치기에 대한 설명으로 옳은 것은?

① 조선 태형령을 제정하였다.

② 조선 총독부 설치

③ 창씨 개명

④ 치안 유지법을 공포하였다.

30. 다음과 같은 사건으로 인해 나타난 사실로 옳은 것은?

> • 박종철 사건
> • 4·13 호헌 조치
> • 6·10 국민대회 개최

① 5년 단임의 대통령 직선제 개헌이 이루어졌다.

② 국회를 해산하고 전국에 계엄령을 선포하였다.

③ 국가 재건 최고 회의와 중앙정보부를 설치하여 혁명 공약을 발표하였다.

④ 부정 선거를 규탄하는 시위가 마산에서 발생했다.

31. 다음 내용을 읽고 괄호 안에 들어갈 말로 가장 적절한 것을 고르면?

> 영국의 전래동화에서 유래한 것으로 동화에 따르면 엄마 곰이 끓인 뜨거운 수프를 큰 접시와 중간 접시 그리고 작은 접시에 담은 후 가족이 이를 식히기 위해 산책을 나갔는데, 이 때 집에 들어온 (   )가 아기 곰 접시에 담긴 너무 뜨겁지도 않고 너무 차지도 않은 적당한 온도의 수프를 먹고 기뻐하는 상태를 경제에 비유한 것을 무엇이라고 하는가?

① 애덤 스미스

② 임파서블

③ 세이프티

④ 골디락스

32. 다음 내용을 읽고 괄호 안에 들어갈 말로 가장 적절한 것을 고르면?

> 국민경제 내에서 자산의 증가에 쓰인 모든 재화는 고정자산과 재고자산으로 구분되는데 전자를 국내 총고정자본형성 또는 고정투자, 후자를 재고증감 또는 재고투자라 하며 이들의 합계를 (   )이라 한다.

① 국내총투자율

② 국내총생산

③ 국내신용

④ 국내공급물가지수

33. 은행의 전통적인 자금중개기능을 보완하는 한편 금융업의 경쟁을 촉진함으로써 효율적인 신용 배분에 기여하는 순기능을 발휘하지만 글로벌 금융위기 과정에서 느슨한 규제 하에 과도한 리스크 및 레버리지 축적, 은행시스템과의 직·간접적 연계성 등을 통해 시스템 리스크를 촉발·확산시킨 원인 중 하나로 지목되기도 한 이것은?

① 근원인플레이션

② 그린 본드

③ 그림자 금융

④ 글래스-스티걸법

34. 자원의 희소성이 존재하는 한 반드시 발생하게 되어 있으며 경제문제를 발생시키는 근본요인이 되는 것은?

① 기회비용   ② 매몰비용

③ 한계효용   ④ 기초가격

35. 다음 내용을 가장 잘 설명하고 있는 것은?

> 과거에 한 번 부도를 일으킨 기업이나 국가의 경우 이후 건전성을 회복했다 하더라도 시장의 충분한 신뢰를 얻기 어려워지며, 나아가 신용위기가 발생할 경우 투자자들이 다른 기업이나 국가보다 해당 기업이나 국가를 덜 신뢰하여 투자자금을 더 빨리 회수하고 이로 인해 실제로 해당 기업이나 국가가 위기에 빠질 수 있다.

① 긍정 효과   ② 자동 효과

③ 거래 효과   ④ 낙인 효과

36. 2001년 미국 모건스탠리사의 이코노미스트였던 로치(S. Roach)가 미국경제를 진단하면서 처음 사용한 용어로, 경기순환의 모습이 영문자 "W"를 닮았다 해서 "W자형 경기변동"(또는 "W자형 불황")이라고도 하는 이것은?

① 동일인   ② 더블 딥
③ 동행종합지수   ④ 등록발행

37. 특정한 물품, 특정한 장소 입장행위, 특정 장소에서의 유흥행위나 영업행위에 부과하는 소비세는 무엇인가?

① 지방소비세   ② 개별소비세
③ 내국소비세   ④ 담배소비세

38. 이해관계로 인한 전략적 협력관계이지만 동시에 경쟁관계에 있는 것을 의미하는 용어는?

① 샐러던트
② 콩고드효과
③ 프레너미
④ 디드로효과

39. 상품 및 서비스에 대한 할인혜택을 특정 요일이나 시간대에만 제공하는 마케팅 방식은?

① 바이럴마케팅
② 타임마케팅
③ 텔레마케팅
④ 프리마케팅

40. 전기가 부족해 갑자기 모든 전력 시스템이 정지한 상태 또는 그러한 현상을 의미하는 용어는?

① 블랙아웃
② 화이드아웃
③ 도시공동화
④ 블루아웃

41. 인체의 허벅지 뒤쪽 부분의 근육과 힘줄을 말하는 것으로, 달리기나 스포츠 선수가 갑자기 방향을 바꾸거나 무리하게 힘을 줄 때 부상을 입을 수 있는 근육을 이르는 말은?

① 케틀벨   ② 페이스풀
③ 레터럴 레이즈   ④ 햄스트링

42. 2021년 1월 21일 김진욱 초대 처장의 취임과 함께 공식 출범한 고위공직자 및 그 가족의 비리를 중점적으로 수사·기소하는 독립기관을 의미하는 말은?

① 지급지시전달처
② 패스트 트랙
③ 검경 수사권 조정처
④ 고위공직자범죄수사처

43. 소비자가 매장에 들어가지 않고 차에 탄 채로 햄버거나 음료를 주문해 받을 수 있도록 고안된 방식으로 최근 코로나19 검사를 위하여 신속하고 안전한 검사시스템으로 시행하고 있는 것은?

① 워킹 스루 선별진료소
② 드라이브 스루 선별진료소
③ 워크 스루 선별진료소
④ 이동형 선별진료소

44. 기업이 증권시장에 주식 상장을 하기 위해 하는 기업공개를 의미하는 용어로, 기업의 자사 주식과 경영 내역 등을 시장에 알리는 것을 뜻하는 것은?

① IB   ② IPO
③ ROE   ④ PER

45. 증권시장에 상장된 기업의 전체적 주가를 기준 시점과 비교하여 나타내는 지표를 무엇이라 하는가?

① 코스닥지수
② 코스피지수
③ 다우지수
④ 코스피200

46. 세계적으로 감염병이 대유행하는 상태를 의미하는 용어로 그리스어로는 '모두'와 '사람'의 합성어이다. 2020년 3월 WHO에서는 코로나19를 이것으로 규정하였다. 이것을 나타내는 것은?

① 포스트　　　　　② 팬데믹
③ 라이브　　　　　④ 셧다운

47. 코로나19에 따른 사회적 거리두기 강화로 집합금지·영업제한과 매출감소를 겪고 있는 소상공인들에게 지급되는 자금은 무엇인가?

① 새희망자금
② 재난지원금
③ 버팀목자금
④ 정책자금

48. 다음 중 선거 등의 투표행위에서 누구에서 투표할지 결정하지 못한 이들을 가리키는 말은 무엇인가?

① 스윙보터
② 캐스팅보터
③ 부동층
④ 유권자

49. 다음 중 환경문제와 관련이 없는 것은?

① 바나나현상
② 리우협약
③ 교토의정서
④ TPP협약

50. 일반적으로 스포츠에서 해당 팀에서 권리 포기를 한다는 의미로 FA(Free Agent)나 임의 탈퇴로 처리하기 전에 선수를 다른 팀으로 보내기 위한 하나의 방법을 무엇이라 하는가?

① 웨이버(waiver) 공시
② 메이어(meyer) 공시
③ 올리버(oliver) 공시
④ 레드리버(redriver) 공시

부산교통공사

운영직

정답 및 해설

SEOWONGAK

(주)서원각

제1회 정답 및 해설

✐ **직업기초능력**

1 ④

'달변(達辯)'은 '능숙하여 막힘이 없는 말'이라는 의미로, '말을 능숙하게 잘함. 또는 그 말'을 뜻하는 '능언(能言)'과 유의관계이다.

④ 유의관계
- 유린(蹂躪/蹂躙/蹂躪) : 남의 권리나 인격을 짓밟음
- 침손(侵損) : 침범하여 해를 끼침

① 반의관계
- 굴종(屈從) : 제 뜻을 굽혀 남에게 복종함
- 불복(不服) : 남의 명령·결정 따위에 대하여 복종·항복·복죄(服罪) 따위를 하지 아니함

② 반의관계
- 가녘 : 둘레나 끝에 해당되는 부분
- 고갱이 : 사물의 중심이 되는 부분을 비유적으로 이르는 말

③ 반의관계
- 한데 : 사방, 상하를 덮거나 가리지 아니한 곳. 곧 집채의 바깥을 이른다.
- 옥내(屋內) : 집 또는 건물의 안

2 ②

'잠정(暫定)'은 '임시로 정함'이라는 의미로, '일정한 상태로 계속하여 변동이 없음'을 뜻하는 '경상(經常)'과 반의관계이다.

② 반의관계
- 상망(喪亡) : 망하여 없어짐. 또는 잃어버림
- 획득(獲得) : 얻어 내거나 얻어 가짐

① 유의관계
- 재건(再建) : 허물어진 건물이나 조직 따위를 다시 일으켜 세움
- 회복(回復/恢復) : 원래의 상태로 돌이키거나 원래의 상태를 되찾음

③ 유의관계
- 고착(固着) : 어떤 상황이나 현상이 굳어져 변하지 않음

- 불변(不變) : 사물의 모양이나 성질이 변하지 아니함

④ 유의관계
- 외지(外地) : 자기가 사는 곳 밖의 다른 고장
- 타방(他方) : 다른 지방

3 ④

제시된 문장에서 '차다'는 '날쌔게 빼앗거나 움켜 가지다'의 의미로 사용되었다. 따라서 같은 의미로 사용된 것은 ④이다.

① (비유적으로) 자기에게 베풀어지거나 차례가 오는 것을 받아들이지 않다.
② 발을 힘껏 뻗어 사람을 치다.
③ 발로 힘 있게 밀어젖히다.

4 ①

'천경지위(天經地緯)'는 '하늘이 정하고 땅이 받드는 길'이라는 뜻으로, 영원히 변하지 않는 진리나 법칙을 이른다. 나머지는 모두 '거침없는 기세나 높은 사기'를 나타내는 한자성어이다.

② **사기충천(士氣衝天)** : 하늘을 찌를 듯 높은 사기를 이른다.
③ **석권지세(席卷之勢)** : '돗자리를 마는 기세'라는 뜻으로, 세력이 빠르고 거침없이 휩쓸어 나가는 기세를 이른다.
④ **파죽지세(破竹之勢)** : '대를 쪼개는 기세'라는 뜻으로, 적을 거침없이 물리치고 쳐들어가는 기세를 이른다.

5 ②

문서를 작성하는 데 있어 근거 자료의 제시는 정보의 신뢰성을 높여 준다.

6 ④

이 글의 주제는 마지막 문단에 '그러므로 ~' 뒤로 이어지는 부분이라고 할 수 있다.

7 ④

④ 4문단에 따르면 매체를 통한 관계 맺기에서 얻은 지지나 소속감은 피상적이거나 위선적 관계에 기반한 경우가 많다. 따라서 매체를 통한 관계 맺기는 개인이 느끼는 소외감과 고립감을 극복할 수 있게 하는 근본적인 방법으로 볼 수 없다.

8 ③

㉠의 '높다'는 '값이나 비율 따위가 보통보다 위에 있다'는 의미로 사용되었다. 따라서 유사한 의미로 사용된 것은 ③이다.

① 수치로 나타낼 수 있는 온도, 습도, 압력 따위가 기준치보다 위에 있다.

② 지위나 신분 따위가 보통보다 위에 있다.

④ 아래에서 위까지의 길이가 길다.

9 ③

③ 청색광의 유해성과 관련하여 눈 건강에 해롭다는 관점에 대해서만 제시되고 있다.

10 ④

④ 해당 문맥에서 '저하(低下)는 정도, 수준, 능률 따위가 떨어져 낮아짐'의 뜻을 가진다.

11 ④

제시된 수열에서 1~4항의 계차를 구하면 −6, 0, 6이 된다. 이는 초항 −6이고 공차가 6인 등차수열이므로 빈칸에 들어갈 수는 11 + 12 = 23이 되고, 이어서 23 + 18 = 41이 성립한다.

12 ④

두 번째와 네 번째 항의 곱에다 첫 번째 항을 더하면 세 번째 항이 된다.

따라서 빈칸에 들어갈 수는 1 × 23 + 4 = 27이다.

13 ③

25m/s의 속력을 시속으로 환산하면 90km/h이다. 집에서 부산항까지의 거리가 450km이므로 90km/h 속력으로 이동할 시 5시간이 걸린다. 이때 부산항 도착 후 제주행 배의 승선권을 구매하고 배를 타기까지 20분이 소요된다고 하였으므로, 부산항에서 오후 12시에 출발하는 제주행 배를 타기 위해서는 집에서 적어도 오전 6시 40분에는 출발해야 한다. 보기 중 적절한 것은 ③이다.

14 ②

거리 = 속력 × 시간, 속력 = $\dfrac{거리}{시간}$, 시간 = $\dfrac{거리}{속력}$ 이므로 올라갈 때와 내려올 때의 거·시·속을 구하면 다음과 같다.

구분	올라갈 때	내려올 때
거리(km)	x	y (이때, $y = x + 5$)
속력(km/h)	3	4
시간(시)	$\dfrac{x}{3}$	$\dfrac{y}{4}$

이를 바탕으로 연립방적식을 세우면

$y = x + 5 \cdots$ ㉠

$\dfrac{x}{3} + \dfrac{y}{4} = 3$ (∵ 총 시간에서 쉬는 시간은 제외) $\cdots$ ㉡

㉠, ㉡을 연립하여 풀면 $x = 3$, $y = 8$이므로 서원이가 걸은 거리는 총 11km이다.

15 ④

$$AB + C = (x^2 + x)(2x - 3) + 2x^2 + 3x - 5$$
$$= 2x^3 - 3x^2 + 2x^2 - 3x + 2x^2 + 3x - 5$$
$$= 2x^3 + x^2 - 5$$

16 ③

연이자율을 r, 납입 개월 수를 n이라고 할 때

[甲이 받을 수 있는 총 금액]

- 원금 : $200,000 \times 24 = 4,800,000$원

- 이자 : $200,000 \times \dfrac{n(n+1)}{2} \times \dfrac{r}{12} = 200,000 \times$

$\dfrac{24(24+1)}{2} \times \dfrac{0.05}{12} = 250,000$원

$\therefore 4,800,000 + 250,000 = 5,050,000$원

[乙이 받을 수 있는 총 금액]

- 만기 수령액 $=$ 원금 $\times \left(1 + r \times \dfrac{n}{12}\right) = 5,000,000$

$\times \left(1 + 0.02 \times \dfrac{24}{12}\right) = 5,200,000$원

따라서 2년 뒤 甲과 乙이 받을 수 있는 금액의 차이는 $150,000$원이다.

17 ①

표를 채우면 다음과 같다.

응답자의 종교 / 후보	불교	개신교	가톨릭	기타	합
A	130	(가) 130	60	300	(620)
B	260	(100)	30	350	740
C	(195)	(나) 130	45	300	(670)
D	65	40	15	(50)	(170)
계	650	400	150	1,000	2,200

18 ④

A사를 이용하는 것이 B사를 이용하는 것보다 택배비가 더 저렴해지는 구간은 총 무게가 $1,500g$ 초과 $\sim 2,000g$ 이하에 해당할 때이다. 여기서 상자 한 개의 무게가 $100g$이므로 꿀 10병의 무게만 고려하면 $1,400g$ 초과 $\sim 1,900g$ 이하가 된다. 따라서 꿀 한 병의 무게인 x의 최댓값은 $190g$이다.

19 ③

일평균 기온이 26℃ 이상인 날은 4일, 5일, 7일로, 이날의 일평균 미세먼지 농도는 48, 35, 54이다. 따라서 이 3일의 일평균 미세먼지 농도의 평균을 구하면 $\dfrac{48+35+54}{3} = 45.666\cdots$이므로, 약 $45.7 \mu g/m^3$이다.

20 ④

1주일 중 일평균 기온이 가장 높은 날은 4일로, 이날의 일평균 미세먼지 농도는 $48 \mu g/m^3$이다. 또, 1주일 중 일평균 미세먼지 농도가 가장 낮은 날은 1일로, 이날의 일평균 기온은 25.1℃이다. 따라서 이 둘의 차는 $48 - 25.1 = 22.9$이다.

21 ④

명제 2와 명제 1을 이용해 결론을 얻기 위해서는, '밤이 오면 해가 들어간다 → (해가 들어가면 밝지 않다) → 밝지 않으면 별이 뜬다'로 연결할 수 있다. 따라서 필요한 명제 3은 '해가 들어가면 밝지 않다' 또는 그 대우인 '밝으면 해가 들어가지 않는다'가 된다.

22 ③

세 사람 중 한 사람만 사실을 말하고 있으므로 각각의 경우를 대입하여, 논리적 오류가 없는 것이 정답이 된다.

- 甲이 사실을 말하고 있는 경우 : 조건에 따라 乙과 丙은 거짓말이 되는데, 이는 甲이 먹은 사탕의 개수가 5개일 때만 논리적으로 성립이 가능하다.

- 乙이 사실을 말하고 있는 경우 : 조건에 따라 甲과 丙은 거짓말이 되는데, 乙이 사실일 경우 甲도 사실이 되므로 조건에 모순된다.

- 丙이 사실을 말하고 있는 경우 : 조건에 따라 甲과 乙은 거짓말이 되는데, 丙이 사실일 경우 甲도 사실이 되므로 조건에 모순된다.

따라서 甲이 사실을 말하고 있으면서 사탕을 5개 먹은 경우에만 전제 조건이 성립하므로, 정답은 ③이다.

23 ④

보기의 내용을 바탕으로 5Why 단계를 구성해 보면 다음과 같다.

[문제] 최종 육안 검사 시 간과하는 점이 많다.

- 1Why : 왜 간과하는 점이 많은가? → 제대로 보지 못하는 경우가 많다.
- 2Why : 왜 제대로 보지 못하는가? → 잘 보이지 않을 때가 있다.
- 3Why : 왜 잘 보이지 않는가? → 작업장 조명이 어둡다.
- 4Why : 왜 작업장 조명이 어두운가? → 조명의 위치가 좋지 않다.
- 5Why : 왜 조명의 위치가 좋지 않은가? → 작업장 조명에 대한 기준이 없다.

[해결책] 작업장 조명에 대한 기준을 표준화한다.

24 ④

④ 30~50대 여성이 90%를 차지하는 고객 구성의 상황에서 남성 고객 유치를 위해 남성적인 브랜드 이미지를 구축하는 것은 주 고객층의 외면을 불러올 수 있다.

25 ②

② 생산원가 절감은 약점에 해당하는 높은 가격대를 조정하기 위한 해결책으로 WT 전략에 해당한다.

26 ④

④ 노조와 경영진 간의 대립 심화는 내부환경요인으로 약점에 해당한다.

27 ②

[질문 1-2-3]에 따른 조사 결과를 바탕으로 '시민들의 이용 행태' 개선을 위해 취할 수 있는 방법을 생각할 수 있다.

② 시설물의 질과 양은 공원 이용에 만족하는 가장 큰 원인이다.

28 ③

버스 정류장 위치의 좌표 값을 x라고 할 때, 주어진 조건에 따라 버스 정류장에서 도서관까지의 거리 $x-30$와 버스 정류장에서 영화관까지의 거리 $x-70$의 합이 80 이하여야 한다.

이를 부등식으로 표현하면 $|x-30|+|x-70| \leq 80$이다. (∵ 정류장이 위치는 좌우, 가운데 어디든 될 수 있으므로)

따라서 $-80 \leq (x-30)+(x-70) \leq 80$이고, 버스 정류장의 위치는 $10 \leq x \leq 90$ 사이가 된다. 즉, 버스 정류장은 도서관으로부터 좌표상 최대 60만큼 떨어진 곳에 설치할 수 있다.

29 ③

방송광고와 방송연설로 구분하여 계산해 볼 수 있다.

구분		최대 시간
방송광고		15회 × 1분 × 2매체 = 30분
방송연설	비례대표	대표 2인 × 10분 × 2매체 = 40분
	지역구	후보자 100명 × 10분 × 2매체 × 2회 = 4,000분

따라서 甲정당과 그 소속 후보자들이 최대로 실시할 수 있는 선거방송 시간의 총합은 4,070분이다.

30 ④

두 차례의 시험 조종으로 로봇이 이동한 경로를 정리하면,

- 1회차 : $(0, 0) \rightarrow (3, 0) \rightarrow (3, 5)$
- 2회차 : $(0, 0) \rightarrow (0, 5) \rightarrow (-1, 5) \rightarrow (-1, -1)$

따라서 1회차 시범 조종의 최종 위치인 $(3, 5)$와 2회차 시범 조종의 최종 위치인 $(-1, -1)$ 사이의 직선거리를 구하면 밑변이 4, 높이가 6인 직각삼각형의 빗변의 길이가 되므로,

빗변의 길이를 x라고 할 때,
$4^2 + 6^2 = x^2$, $x = 2\sqrt{13}$ 이다.

31 ①

① 사용 물품과 보관 물품을 구분하여 관리할 경우 반복 작업이 방지된다.

32 ④

E가 말하고 있는 것은 능력주의에 해당한다. 인력배치의 원칙으로는 적재적소주의, 능력주의, 균형주의가 있다.

33 ①

정해진 기한 내에 인적, 물적, 금전적 자원 한도 내에서 작업이 완료되는 경우 프로젝트 수행 결과에 대한 평가가 좋게 이루어진다. 따라서 乙, 丙, 丁, 戊는 좋은 평가를 받게 되고 완료 기한을 넘긴 甲이 가장 나쁜 평가를 받게 된다.

34 ④

집행 금액이 신청 금액을 초과할 수 없는 상황에서 집행 금액이 가장 많기 위해서는 신청 금액을 100% 집행해야 한다. 유통팀 다음으로 신청 금액이 많은 물류팀이 100% 집행할 경우, 유통팀은 30백만 원보다 더 많은 금액을 집행해야 하는데, 6월 말 현재 유통팀이 집행한 금액은 $31 \times 0.5 = 15.5$백만 원이므로 12월 말까지 적어도 14.5백만 원을 초과하는 금액을 집행해야 한다.

35 ④

도시락의 개수를 x라고 할 때, A 상점과 B 상점에서 도시락 구입 가격은 다음과 같다.

- A 상점 : $5,000x$
- B 상점 : $4,850x + 2,000$

이때, A 상점보다 B 상점에서 구입할 때 드는 비용이 더 적어야 하므로

$5,000x < 4,850x + 2,000$이 성립하고

$150x < 2,000$

$x < 13.333\cdots$이므로 적어도 14개 이상의 도시락을 구입해야 한다.

36 ④

④ 戊가 영어를 선택할 경우와 중국어를 선택할 경우에 따라 받을 수 있는 자기개발 지원금을 정리하면 다음과 같다.

- 영어 선택 : (1안) 6만 원 < (3안) 10만 원
- 중국어 선택 : (1안) 6만 원 > (3안) 5만 원

따라서 戊가 3안 채택 시 받을 수 있는 자기개발 지원금이 1안 채택 시 받을 수 있는 자기개발 지원금보다 커지기 위해서는 반드시 영어를 선택해야 한다.

37 ④

- A : 구성원이 6명 미만으로 지원금을 받을 수 없다.
- B : 기본지원금 1,500 + 추가지원금 600 = 2,100천 원
- C : 기본지원금 1,500 + 추가지원금 960 + 교류 장려금 738 = 3,198천 원
- D : 기본지원금 2,000 + 추가지원금 700 = 2,700천 원
- E : 기본지원금 1,500 + 추가지원금 630 = 2,130천 원

따라서 가장 많이 받는 동아리인 C와 지원금을 받지 못하는 A 간의 금액 차이는 3,198천 원이다.

38 ①

② 1시간 더 일할 때마다 추가로 발생하는 비용은 일정하지 않다.

③ 로봇으로 대체함으로써 하루에 최대로 얻을 수 있는 순편익은 21,000원이다.

④ 1시간 더 작업할 때마다 추가로 발생하는 편익은 6,000원으로 항상 일정하다.

39 ①

② 실내 공기청정도가 좋거나 보통일 경우 미세먼지와 초미세먼지의 농도가 같아질 수 있음을 명시하고 있다.

③ 미세먼지 숫자란에 54가 표시되어있다면 '보통'상태로, 초록색 표시등이 켜져야 한다.

④ $09\mu g/m^3$는 (초)미세먼지 최저수준으로 아무리 날이 좋아도 숫자가 09미만으로 내려갈 수 없다.

40 ④

(가) $10 + 5 = 15$

(나) $10 + 10 = 20$

(다) $10 + 10 + 5 = 25$

(라) 10

41 ④

임직원 출장비, 여비관련 업무와 조경 및 조경시설물 유지보수 등의 업무는 일반적으로 총무부에서 포괄적으로 담당하거나 재무부와 시설부에서 각각 담당한다. ㉠, ㉢, ㉤ 이외에 인사부의 업무로는 채용, 배치, 승진, 교육, 퇴직 등 인사관리와 인사평가, 급여, 복지후생 관련 업무 등이 있다.

42 ④

업무량의 변동이 심하거나 원자재의 공급이 불안정한 경우, 업무를 세분화하기 어려워 분업을 유지하기 어렵다.

43 ③

③ 비공식적인 의사소통이 원활한 것은 유기적 조직의 특성이다. 나머지는 모두 기계적 조직의 특성에 해당한다.

44 ③

③ 악수는 한 손으로 하는 것이 국제 매너에 해당한다.

45 ④

해외출장의 출장계획서는 팀장의 전결사항이나, 출장비신청서는 '각종신청서'에 속하므로 사장의 결재사항으로 규정되어 있다.
③ 팀장 전결 사항일 경우, 팀장 결재란에 '전결'이, 사장 결재란에 '팀장'이 표시되며, 본부장은 결재가 필요하지 않으므로 상향대각선을 표시하게 된다.

46 ①

50만 원 이하의 법인카드 사용의 건이므로 본부장을 전결권자로 하는 법인카드신청서가 필요한 경우가 된다. 따라서 본부장 결재란에 '전결'을 표시하여야 하며, 최종 결재권자란에 '본부장'을 표시한다. 상향대각선이 필요하지 않은 결재 건이다.

47 ④

회의실을 빌리기 위해서는 회의실 및 사무 공간 관리를 담당하고 있는 총무팀의 협조가 필요하다. 휴가는 복리후생제도에 해당하므로 그 지원 업무를 담당하고 있는 인사팀의 협조가 필요하다. 경영실적 자료를 입수하는 것은 회계팀에 요청하거나 회계팀의 확인 작업을 거쳐야 공식적인 자료로 간주될 수 있을 것이다. 외환업무 관련 교육은 외환팀에서 주관할 것이다.

48 ③

③ 15일 미만의 경력은 산입되지 않으므로 14일을 제외한 4년만이 경력평정에 들어간다. 따라서 기본경력 3년, 초과경력 1년으로 경력평정을 계산하면 $0.5 \times 36 + 0.4 \times 12 = 22.8$점이 된다.
① 과장 직급으로 3년간 근무한 것에 정부 포상을 계산하면 $0.5 \times 36 + 3 = 21$점
② 주임 직급 시 있었던 정직기간과 포상 내역은 모두 대리 직급의 경력평정에 포함되지 않으므로 대리 2년의 근무만 적용되어 $0.5 \times 24 = 12$점이다.
④ 당해직급에 적용되는 것이므로 차장 직책인 자는 차장 직급의 근무경력으로만 근무평정이 이루어진다.

49 ④

④ 이솔아는 생일로 상품권을 지급받았으므로 기타에 속해야 한다.

50 ④

④ 상병 휴가에 대한 지원 금액은 없다.

1 ③

①④ 유의 관계
② 상하관계

2 ②

①③④는 모두 관련성의 격률에 어긋난다.

3 ②

② 접사가 붙은 파생어이다.
①③④ 어근과 어근의 결합인 합성어이다.

4 ①

한글 맞춤법은 표준어를 소리대로 적되, 어법에 맞도록 함을 원칙으로 한다.

5 ④

④ '신년도, 구년도' 등은 발음이 [신년도], [구ː년도]이며 '신년-도, 구년-도'로 분석되는 구조이므로 이 규정이 적용되지 않는다.

6 ②

② 손가락이나 발가락이 얼어서 감각이 없고 놀리기가 어렵다.
①③④ 모양, 생김새, 행동거지 따위가 산뜻하고 아름답다.

7 ②

②는 순우리말로 된 합성어로 '댓잎'과 같이 사이시옷을 적는다.

8 ③

제시문은 훈민정음 글자 운용법으로 나란히 쓰기인 병서에 대한 설명이다. 병서는 'ㄲ, ㄸ, ㅃ, ㅆ'과 같이 서로 같은 자음을 나란히 쓰는 각자병서와 'ㅺ, ㅼ, ㅄ'과 같이 서로 다른 자음을 나란히 쓰는 합용병서가 있다.

① 象形(상형) : 훈민정음 제자 원리의 하나로 발음기관을 상형하여 기본자를 만들었다.
② 加畫(가획) : 훈민정음 제자 원리의 하나로 상형된 기본자를 중심으로 획을 더하여 가획자를 만들었다.
④ 連書(연서) : 훈민정음 글자 운용법의 하나로 이어 쓰기의 방법이다.

9 ②

② 정인지서는 초간본 훈민정음 중 '해례' 부분 마지막에 실려 있으며 훈민정음 창제의 취지, 정의, 의의, 가치, 등을 설명한 글이다.

※ 훈민정음의 예의와 해례
　훈민정음의 '예의'에는 세종의 서문과 훈민정음의 음가 및 운용법에 대한 설명이 들어있고 '해례'에는 임금이 쓴 '예의'부분을 예를 들어 해설하는 내용으로 이루어져 있다.

10 ③

농촌에서 흔히 볼 수 있는 쓸모없는 것들을 열거하여 나타냈으며 이들은 모닥불의 근원이 된다. 이는 쓸모없는 것들이 합쳐져 화합과 융합의 이미지를 만들어 냄을 나타낸다.

11 ③

③ 2연에 나타난 모닥불을 쬐는 사람들은 직업도 나이도 상황도 다양한 사람으로 모닥불 앞에서는 사람들과 동물들 모두가 평등한 존재로 나타나므로 ③은 옳지 않다.
② '개니빠디'는 '이빨'의 평안·함북 지역의 방언이다.

12 ①

주어진 글은 주인공인 '나'가 자신의 이야기를 하고 있으므로 1인칭 주인공 시점이다.

13 ②

② 압도(壓度)는 압력의 정도를 뜻하며 제시된 글에서는 보다 뛰어난 힘이나 재주로 남을 눌러 꼼짝 못 하게 함을 의미하는 '압도(壓倒)'가 적절하다.

14 ④

'오매불망'은 '자나 깨나 잊지 못함'의 의미이다.

① 같은 병을 앓는 사람끼리 서로 가엾게 여긴다는 뜻으로, 어려운 처지에 있는 사람끼리 서로 가엾게 여김을 이르는 말

② 불도의 깨달음은 마음에서 마음으로 전하는 것이므로 말이나 글에 의지하지 않는다는 말

③ 남에게 입은 은혜가 뼈에 새길 만큼 커서 잊히지 아니함

15 ①

제시된 시조는 의(義)를 좇고 천성을 지키며 살겠다는 의지를 보이고 있다. 따라서 '천성을 좇음'을 의미하는 솔성(率性)이 적절하다.

16 ④

〈보기〉에서 제시된 유적지는 구석기 유적이 발견된 곳이다.

④ 이른 민무늬 토기는 신석기 시대의 유물이다.

17 ④

④ 붉은간토기는 청동기 시대의 유물이다.

18 ③

③ 서옥제는 고구려의 풍습으로 혼인을 정한 뒤 신부 집의 뒤곁에 조그만 집을 짓고 거기서 자식을 낳고 장성하면 아내를 데리고 신랑집으로 돌아가는 제도이다.

19 ②

중앙집권국가의 특징

• 영토확장을 위한 정복사업
• 왕위의 부자세습
• 권력의 중앙집권화
• 관료제와 엄격한 신분제도
• 율령 반포 · 불교 수용

20 ①

〈보기〉에 제시된 업적은 소수림왕의 업적이다

21 ④

① 고구려 장수왕은 백제의 수도인 한성을 함락하여 한강유역을 완전히 점령하였다.

② 백제 고이왕은 내신 좌평 등 6좌평을 설치하였고, 한강 유역을 차지하였다.

③ 신라 진흥왕은 한강 유역을 장악하여 경제적 기반을 강화함으로써 전략적 거점을 확보할 수 있었다.

22 ②

② 이성계는 4불가론의 하나로 여름철 출병이 불리하다는 이유를 들었다.

23 ②

조선의 언론 학술기구는 삼사로 정사를 비판하고 관리들의 부정을 방지하였다.

㉠ 사간원(간쟁), 사헌부(감찰) : 서경권을 행사(관리임명에 동의권 행사)하였다.

㉡ 홍문관 : 학문적으로 정책결정을 자문하는 기구이다.

㉢ 춘추관 : 역사서의 편찬과 보관을 담당하였다.

24 ①

무오사화에 대한 설명이다. 무오사화로 인해 유자광, 윤필상 등 훈구 세력이 김종직을 부관참시하고 김일손을 처형하였다.

25 ①

②③④는 태조 때 편찬된 법전이다.

① 태종 때 편찬된 법전이다.

26 ④

④ 〈삼국유사〉에 대한 설명이다.

※ 삼국사기와 삼국유사

　㉠「삼국사기」: 인종 때 김부식이 중국「사기」의 체제를 모방하여 유교사관의 입장에서 삼국시대의 역사를 정리한 것이다. 정사체인 기전체 사서로 본기·열전·지·표로 구분 저술하였는데, 삼국 가운데 신라를 정통으로 삼았다(전 50권으로 사대주의적 기술).

　㉡「삼국유사」: 충렬왕 때(1285) 일연이 불교사의 입장에서 저술한 것으로 단군의 이야기를 최초로 수록하여 민족의 자주성을 강조하였다. 향가 14수가 수록되었으며「삼국사기」에서 찾아볼 수 없는 고대문화에 관계되는 중요한 사실을 수록하고 있다.

27 ①

① 균역법은 조선 후기 영조 때 양역제(良役制)의 개선을 위해 실시하였던 재정제도이다.

28 ③

③ ㉡ 병인박해(1866) - ㉢ 병인양요(1866, 병인박해를 이유로 프랑스가 공격) - ㉠ 오페르트 도굴사건(1868) - ㉣ 신미양요(1871)

29 ③

③ 조선 건국 준비 위원회의 부위원장은 안재홍이 임명되었다.

30 ③

7·4남북공동성명(1972. 7. 4.) … 조국통일의 3원칙(자주적·평화적·민족적 통일)에 합의하고, 서울과 평양간에 상설 직통전화를 가설하며, 남북조절위원회의 구성과 운영에 합의하는 등 남북대화의 획기적 계기가 마련되었다.

31 ②

대통령령 제24828호「관공서의 공휴일에 관한 규정」에 따라 정부가 수시로 지정하는 공휴일로 필요에 따라 국무회의의 심의와 의결을 통해 결정된다. 관공서에 해당하는 국가 기관, 지방자치단체의 기관, 공공기관 등은 법적 효력을 받아 의무적으로 휴무한다.

32 ①

① 카니발라이제이션: 기업의 자기잠식이나 제살깎기를 나타내는 용어로, 기능·디자인 등이 탁월한 후속 제품이 출시되면 해당 기업의 기존 제품 시장점유율은 물론 수익성과 판매 등이 감소하는 현상을 가리킨다.

② 디레버리지: '레버리지(leverage)'는 '지렛대'라는 말로, 금융계에서는 빚을 지렛대로 한 투자법을 말한다. 재무구조상에서 자기자본 대비 차입비율로, 타인자본 비용이 클수록 레버리지 수준이 높음을 뜻한다. 이와 반대로 디레버리지(deleverage)는 '빚을 상환한다.'는 의미이다.

③ 그린마케팅: 환경적 역기능을 최소화하면서 소비자가 만족할 만한 수준의 성능과 가격으로 제품을 개발하여 환경적으로 우수한 제품 및 기업 이미지를 창출함으로써 기업의 이익 실현에 기여하는 마케팅을 말한다.

④ 디노미네이션: 한 국가 내에서 통용되는 모든 화폐, 즉 채권, 주식 등의 액면 금액 그 자체를 의미한다.

33 ④

엽관제 … 선거를 통하여 정권을 잡은 사람이나 정당이 관직을 지배하는 정치적 관행을 의미한다.

34 ③

조세피난처는 법인의 실제 발생소득의 전부 또는 상당 부분에 대하여 조세를 부과하지 않거나, 그 법인의 부담세액이 실제 발생소득의 15/100 이하인 국가나 지역을 말한다. 즉 법인세·개인소득세에 대해 전혀 원천징수를 하지 않거나, 과세를 하더라도 아주 낮은 세금을 적용함으로써 세제상의 특혜를 부여하는 장소를 가리킨다.

35 ②

브렉시트(Brexit)는 영국(Britain)과 탈퇴(Exit)의 합성어로 영국의 유럽연합(EU) 탈퇴를 뜻하는 말이다.

36 ②

페이퍼컴퍼니는 물리적인 실체가 존재하지 않고 서류로만 존재하면서 회사 기능을 수행하는 회사를 말한다.

37 ③

애프터 마켓(After market) … 물건을 팔고 난 다음에 발생하는 여러 가지 수요에 착안, 이를 하나의 시장으로 보는 견해. 가전제품의 애프터서비스, 자동차 · 자전거의 수리, 가옥의 보수 · 관리 등이 이에 해당된다. 이러한 수요가 주목받기 시작한 것은 소비자들이 절약의식을 갖게 되면서부터인데 미국에서는 이미 여러 가지가 개발돼 하나의 산업분야가 되고 있다.

38 ③

블록체인 … 공공 거래 장부라고도 부르며 가상 화폐로 거래할 때 발생할 수 있는 해킹을 막는 기술이다. 기존 금융 회사의 경우 중앙 집중형 서버에 거래 기록을 보관하는 반면, 블록체인은 거래에 참여하는 모든 사용자에게 거래 내역을 보내 주며 거래 때마다 이를 대조해 데이터 위조를 막는 방식을 사용한다.

39 ④

졸피뎀은 불면증 치료용으로 쓰이는 수면 유도제로, 국내산 수면제보다 약효가 3배 정도 강한 것으로 알려져 있다. 졸피뎀은 복용 후 전날 있었던 행동을 기억 못하는 증상이 나타나 제2의 프로포폴이라고도 불린다. 장기간 복용 시 환각 증세와 같은 부작용이 나타날 수 있어 항정신성의약품(마약류)로 분류돼 있으며, 의사의 처방 없이는 복용할 수 없다.

40 ②

금융 규제 완화에 대응해 은행들의 경쟁은 더욱 치열해졌고, 결국 은행들은 고위험 · 고수익 사업에 집중하게 되었다. 이러한 현상을 위험하다고 여긴 국제결제은행 산하 바젤위원회가 1988년 은행의 파산을 막기 위해 은행 규제를 위한 최소한의 가이드라인을 제시한 것이 BIS 비율이다. 이것은 은행 감독을 위한 국제 기준으로 은행이 위험자산 대비 자기자본을 얼마나 확보하고 있느냐를 나타내는 지표이다. 이 기준에 따라 적용대상 은행은 위험자산에 대해 최소 8% 이상 자기자본을 유지하도록 했다. 즉 은행이 거래기업의 도산으로 부실채권이 갑자기 늘어나 경영위험에 빠져들게 될 경우 최소 8% 정도의 자기자본이 있어야 위기 상황에 대처할 수 있다는 것이다.

41 ④

가계부실위험지수(HDRI)는 가구의 DSR과 DTA가 각각 40%, 100%일 때 100의 값을 갖도록 설정되어 있으며, 동 지수가 100을 초과하는 가구를 '위험가구'로 분류한다. 위험가구는 소득 및 자산 측면에서 모두 취약한 '고위험가구', 자산 측면에서 취약한 '고DTA가구', 소득 측면에서 취약한 '고DSR가구'로 구분할 수 있다.

42 ②

가상통화(virtual currency)는 중앙은행이나 금융기관이 아닌 민간에서 블록체인을 기반 기술로 하여 발행 · 유통되는 '가치의 전자적 표시'(digital representation of value)로서 비트 코인이 가장 대표적인 가상통화이다. 비트코인 등장 이전에는 특별한 법적 근거 없이 민간 기업이 발행하고 인터넷공간에서 사용되는 사이버머니(게임머니 등)나 온 · 오프라인에서 사용되고 있는 각종 포인트를 가상통화로 통칭하였다.

43 ③

경기동향지수는 경기변동이 경제의 특정부문으로부터 전체 경제로 확산, 파급되는 과정을 경제부문을 대표하는 각 지표들을 통하여 파악하기 위한 지표이다. 이 때 경제지표 간의 연관관계는 고려하지 않고 변동 방향만을 종합하여 지수로 만든다.

44 ④

경제후생지표(measure of economic welfare)는 국민 총소득에 후생요소를 추가하면서 비후생요소를 제외함으로써 복지수준을 정확히 반영하려는 취지로 제안되었지만, 통계작성에 있어 후생 및 비후생 요소의 수량화가 쉽지 않아 널리 사용되지는 못하고 있는 실정이다.

45 ②

공공재에는 보통 시장가격은 존재하지 않으며 수익자 부담 원칙도 적용되지 않는다. 따라서 공공재 규모의 결정은 정치기구에 맡길 수밖에 없다. 공공재의 성질로는 어떤 사람의 소비가 다른 사람의 소비를 방해하지 않고 여러 사람이 동시에 편익을 받을 수 있는 비경쟁성 · 비선택성, 대가를 지급하지 않은 특정 개인을 소비에서 제외하지 않는 비배제성 등을 들 수 있다.

46 ③

기본소득 … 재산 · 노동의 유무와 상관없이 모든 국민에게 개별적으로 무조건 지급하는 소득으로, 국민 모두에게 조건 없이 빈곤선 이상으로 살기에 충분한 월간 생계비를 지급하는 것이다. 중앙정부 차원에서는 핀란드가 전 세계 최초로 2017년 1월부터 2년간 시행한 바 있다.

기본소득이란 국가가 국민들에게 최소한의 인간다운 삶을 누리도록 조건 없이, 즉 노동 없이 지급하는 소득을 말한다. 즉, 재산의 많고 적음이나 근로 여부에 관계없이 모든 사회구성원에게 생활을 충분히 보장하는 수준의 소득을 무조건적으로 지급하는 것으로 무조건성 · 보편성 · 개별성을 특징으로 한다. 이는 토머스 모어의 소설 「유토피아」에서 처음 등장한 개념으로, 한 사회의 가치의 총합은 구성원들이 함께 누려야 한다는 데서 시작되었다.

기본소득의 재원은 투기 소득에 대한 중과세, 소득세 최고세율 인상, 법인세 인상, 토지세, 다국적 기업 공조 과세 등으로 마련하는 방안이 검토되고 있다. 기본소득을 도입할 경우 소득 불균형 · 내수 침체 · 일자리 감소 등을 완화할 수 있으나 재원 마련 등의 현실 가능성이 떨어지고 오히려 기존 복지체제를 위협할 수 있다는 우려와 포퓰리즘 논란이 있다. 즉, 복지에 비판적인 측으로부터는 극단적 사례로 일컬어지지만, 일부 국가에서는 기존 복지제도의 문제점을 보완하는 새로운 대안으로 부상하고 있다.

47 ③

코호트 격리 … 코호트(Cohort)는 고대 로마 군대의 기본 편제인 라틴어 '코호스'(Cohors)에서 파생된 말로, 코호스는 360 ~ 800명(통상 500명) 규모로 구성된 군대 조직을 뜻하는 말이다. 이후 사회학에서 같은 시기를 살아가면서 공통된 행동양식이나 특색을 공유하는 그룹을 뜻하는 말로 코호트가 사용되기 시작했고, 통계 용어로서는 '동일 집단'을 가리키는 용어로 사용된다. 코호트는 보건의학 분야에서는 특정 질병 발생에 관여할 것으로 의심되는 특정 인구 집단을 가리키는 말로 사용된다. 여기에 격리(Isolation)라는 단어가 합쳐지면서 코호트 격리는 바이러스나 세균성 감염 질환자가 나온 병원을 의료진들과 함께 폐쇄해 감염병의 확산 위험을 줄이는 조치를 가리키는 말로 사용되고 있다. 코호트 격리는 특정 질병 발병 환자와 의료진을 동일 집단(코호트)으로 묶어 전원 격리하는 매우 높은 단계의 방역 조치로, 여기서 코호트 병원이란 이런 코호트 격리를 하는 병원을 가리킨다.

48 ①

고속도로를 주행할 때에는 주행속도의 수치를 그대로 m로 한 수치만큼 안전거리를 확보해야 한다.
100km/h 주행 시 안전거리는 100m이다.

49 ②

코로나 블루 … '코로나19'와 '우울감(blue)'이 합쳐진 신조어로, 코로나19 사태의 장기화로 일상에 큰 변화가 닥치면서 생긴 우울감이나 무기력증을 뜻한다. 이는 감염 위험에 대한 우려는 물론 '사회적 거리두기'로 인한 일상생활 제약이 커지면서 나타난 현상이다. 문화체육관광부와 국립국어원은 '코로나 블루'를 대체할 쉬운 우리말로 '코로나 우울'을 선정하였다.

50 ②

① 감독이나 선수의 요구에 의해서, 혹은 심판이 어떤 필요에 의해서 경기를 정지시키고자 할 때 외치는 소리나 그런 제스처를 말한다.

② 프라임(prime)은 가장 중요하다는 뜻으로 프라임 타임(prime time)은 시청률이나 청취율이 가장 높아 광고비도 가장 비싼 방송시간대를 가리킨다. 드라이브 타임(drive time)이나 골든 아워(golden hours), 골든 타임(golden time), 피크 타임(peak time) 등으로도 불린다.

③ 수영에서는 풀장의 편도·왕복마다 측정한 소요시간을 말한다. 어떤 경우는 레이스의 도중시간을 말할 때도 있다. 경기에서 선수가 힘의 안배(按排)를 염두에 두는 것은 중요한 일인데, 그러기 위해서는 경기나 훈련시에 면밀하게 랩타임을 측정하는 일이 중요하다.

제 2 회 정답 및 해설

✎ 직업기초능력

1 ②

減 덜 감, 免 면할 면
감면(減免) : 매겨야 할 부담 따위를 덜어 주거나 면제함, 등급 따위를 낮추어 면제함.

2 ②

'기쁨 : 즐거움'에서 볼 수 있듯이 유의어를 찾는 문제이다. 따라서 결핍의 유의어인 궁핍이 답이 된다.

3 ②

② '눈을 감고'는 눈꺼풀을 내려 눈동자를 덮는 것을 의미한다. 단어의 본래의 의미가 사용되었으므로 관용적 표현이 아니다.

4 ②

'숫자 등이 얼마일 것으로 미루어 생각하여 판정한다'는 뜻을 가진 '추정'이 적절하게 쓰였다.
① '어디부터 어디까지'의 의미인 '범위'가 아닌, '범주'가 적절한 어휘이다.
③ 불만이나 감정, 문제점 등을 드러내는 의미의 '표출'이 아닌, '제시'가 적절한 어휘이다.
④ 준비되지 못한 '미비'가 아닌, 부족하다는 의미의 '미흡'이 적절한 어휘이다.

5 ④

'얽히고설키다'는 한 단어이므로 붙여 쓰며, 표준어이다.
① '며칠'이 표준어이므로, '몇 날 며칠'과 같이 쓴다.
② '되~'에 '아/어라'가 붙어 '되어야가 올바른 표현이다. 줄임말로 쓰일 경우에는 '돼야로 쓴다.
③ '선보이~' + '-었' + '-어도' → 선보이었어도 → 선뵀어도

6 ②

사업 대상자 중 전자상거래사업자, 개인사업자 등에는 '지원자격 및 요건'에서 친환경농식품을 산지에서 직구매할 것을 조건으로 하고 있지 않다.
① 한국농수산식품유통공사에서 친환경농산물직거래지원자금을 지원받고자 하는 업체는 신청제한 된다는 점에서 알 수 있다.

7 ③

'결재(決裁)'는 결정할 권한이 있는 상관이 부하가 제출한 안건을 검토하여 허가하거나 승인함을 뜻하는 단어이다. 경제와 관련하여 '증권 또는 대금을 주고받아 매매 당사자 사이의 거래 관계를 끝맺는 일'을 뜻하는 단어로 '결제(決濟)'를 쓴다.

8 ③

지문의 도입부에서는 식량 확보 실패의 원인이 생산보다 분배임을 언급하고 있다. 생산보다 분배가 문제인 것은 지구의 모든 지역에서의 농작물 수확량 향상 속도가 동일하지 않기 때문이다. 따라서 분배의 불균형 문제에 대한 원인이 되는 것은 보기③의 내용 밖에 없다.

9 ④

④ 기회비용과 매몰비용이라는 경제용어와 에피소드를 통해 경제적인 삶의 방식에 대해서 말하고 있다.

10 ③

'깨진 유리창의 법칙'은 깨진 유리창처럼 사소한 것들을 수리하지 않고 방치해두면, 나중에는 큰 범죄로 이어진다는 범죄 심리학 이론으로, 작은 일을 소홀히 관리하면 나중에는 큰일로 이어질 수 있음을 의미한다.

11 ④

모든 숫자는 시계의 '분'을 의미한다. 왼쪽 사각형의 네 개의 숫자 중 왼쪽 위의 숫자로부터 시작해 시계 방향으로 15분씩을 더하면 다음 칸의 '분'이 된다. 따라서 오른쪽 사각형에는 51분+15분 = 6분, 6분+15분 = 21분, 21분+15분 = 36분이 된다.

12 ②

일의 자리에 온 숫자를 그 항에 더한 값이 그 다음 항의 값이 된다.

$78 + 8 = 86$, $86 + 6 = 92$, $92 + 2 = 94$, $94 + 4 = 98$, $98 + 8 = 106$, $106 + 6 = 112$

13 ③

터널을 완전히 통과한다는 것은 터널의 길이에 열차의 길이를 더한 것을 의미한다. 따라서 열차의 길이를 x라 하면, '거리 = 시간 × 속력'을 이용하여 다음과 같은 공식이 성립한다. $(840 + x) \div 50 = 25$, $x = 410$m가 된다. 이 열차가 1,400m의 터널을 통과하게 되면 $(1,400 + 410) \div 50 = 36.2$초가 걸리게 된다.

14 ①

늘어난 비율을 x라 하면, 다음 공식이 성립한다.

$20x \times 15x = 432 \rightarrow (5x)^2 = 6^2$, $\therefore x = 1.2$

따라서 x의 비율로 확장된 가로, 세로의 길이는 각각 24m$(=20 \times 1.2)$, 18m$(=15 \times 1.2)$가 된다.

15 ④

칠레와의 교역에서는 세 해 모두 수출액보다 수입액이 크므로 항상 무역적자이다.

① 2008년 수입액 : 이란(9,223) > 칠레(4,127)+이라크(4,227)

② 칠레와 이란은 계속해서 증가율을 보이고 있으나, 1998년 이라크와의 교역에서 수출액, 수입액 모두 1988년에 비해 감소하였다.

③ $\dfrac{706 - 208}{208} \times 100 \fallingdotseq 239.4(\%)$

16 ②

이웃을 신뢰하는 사람의 비중은 20대(36.5%)가 10대(38.5%)보다 낮으며, 20대 이후에는 연령이 높아질수록 각 연령대별로 신뢰하는 사람의 비중이 커졌다. 이러한 추이는 연령별 평점의 증감 추이와도 일치하고 있음을 알 수 있다.

17 ④

첫 번째는 직계존속으로부터 증여받은 경우로, 10년 이내의 증여재산가액을 합한 금액에서 5,000만 원만 공제하게 된다.

두 번째 역시 직계존속으로부터 증여받은 경우로, 아버지로부터 증여받은 재산가액과 어머니로부터 증여받은 재산가액의 합계액에서 5,000만 원을 공제하게 된다.

세 번째는 직계존속과 기타친족으로부터 증여받은 경우로, 어머니로부터 증여받은 재산가액에서 5,000만 원을, 이모로부터 증여받은 재산가액에서 1,000만 원을 공제하게 된다.

따라서 세 가지 경우의 증여재산 공제액의 합은 5,000+5,000+6,000=1억 6천만 원이 된다.

18 ④

주어진 자료를 근거로, 다음과 같은 계산 과정을 거쳐 증여세액이 산출될 수 있다.

• 증여재산 공제 : 5천만 원

• 과세표준 : 5억 7천만 원−5천만 원=5억 2천만 원

• 산출세액 : 5억 2천만 원×30%−6천만 원=9천 6백만 원

• 납부할 세액 : 9천 6백만 원×93%=8,928만 원(자진신고 시 7% 공제)

19 ③

③ $26,178 \div 976 \fallingdotseq 26.82$로 27배가 안 된다.

20 ④

④ I공장의 2019년 전체 판매율 : $\dfrac{702}{794} \times 100 = 88.4\%$

21 ②

사람 \ 직업	지은	수정	효미
변호사	×	○	×
사업가	×	○	×
화가	○	×	×
은행원	×	×	○
소설가	×	×	○
교사	○	×	×

위에서 효미는 소설가로 결정되므로 답은 ①, ② 가운데 하나이다.

그런데 지은이는 교사이므로 효미는 은행원, 소설가이다.

22 ③

팀에 들어갈 수 있는 남자 직원 수는 1~4명(첫 번째 조건), 여자 직원 수는 0~2명(두 번째 조건)이 되는데, 4명으로 구성되어야 하는 팀이므로 가능한 조합은 '남자 2명-여자 2명', '남자 3명-여자 1명', '남자 4명-여자 0명'이다. 세 번째 조건과 다섯 번째 조건에 의해 '세현 or 승훈 → 준원 & 진아 → 보라'가 되어, '세현'이나 '승훈'이 팀에 들어가게 되면, '준원-진아-보라'도 함께 들어간다. 따라서, 남자 직원 수를 3명 이상 선발하면 세현 혹은 승훈이 포함되게 되어 여자 직원 수가 1명 혹은 0명이 될 수 없으므로 가능한 조합은 '남자 2명-여자 2명'이고, 모든 조건에 적합한 조합은 '세현-준원-진아-보라' 혹은 '승훈-준원-진아-보라'이다.

23 ④

'무 항공사'의 경우 화물용 가방 2개의 총 무게가 20 × 2=40kg, 기내 반입용 가방 1개의 최대 허용 무게가 16kg이므로 총 56kg까지 허용되어 '무 항공사'도 이용이 가능하다.

① 기내 반입용 가방의 개수를 2개까지 허용하는 항공사는 '갑 항공사', '병 항공사'밖에 없다.

② 155cm 2개는 화물용으로, 118cm 1개는 기내 반입용으로 운송 가능한 곳은 '무 항공사'이다.

③ '을 항공사'는 총 허용 무게가 23+23+12=58kg이며, '병 항공사'는 20+12+12=44kg이다.

24 ③

남성이 3명, 여성이 2명이라고 했고, B와 D가 방송업계 남녀로 나뉘고, 의사와 간호사가 성별이 같다고 했으므로 의사와 간호사는 남성이다. 또 요리사는 여성(26세)임을 알 수 있다. 요리사와 매칭 되는 라디오작가가 남성이므로 TV드라마감독은 여성이다. 남성과 여성의 평균 나이가 같다고 했으므로 남성 A(32), B, C(28)와 여성 D, E(26)에서 B는 30세, D는 34세임을 알 수 있다.

- A : 32세, 남성, 의사 또는 간호사
- B : 30세, 남성, 라디오 작가
- C : 28세, 남성, 의사 또는 간호사
- D : 34세, 여성, TV드라마감독
- E : 26세, 여성, 요리사

25 ②

- 고객홍보팀장 & IT기획팀장 : 주간 업무계획 보고 4일간 + 스마트상담센터 관련 업무 3일간(8, 9, 25일)
- 기획팀장 & 미래경영연구팀장 : 주간 업무계획 보고 4일 + 스마트농업 관련 업무 1일간(22일)

26 ③

기획팀과 IT기획팀 모두 업무가 없는 날은 1일, 3~4일, 10일, 15~18일, 23~24일, 29~30일이다. 이 중 이틀 연속으로 가능한 날짜여야 하므로 가능한 출발 날짜는 3일, 15일, 16일, 17일, 23일, 29일이다.

27 ①

소요 시간을 서로 조합하여 합이 25분이 되도록 했을 때, 포함될 수 없는 것을 고른다.

- 샤워 + 주스 만들기: 10+15
- [머리 감기 & 머리 말리기]+구두 닦기+샤워+양말 신기: (3+5)+5+10+2
- [머리 감기 & 머리 말리기]+몸치장 하기+샤워: (3+5)+7+10

4분이 소요되는 '세수'가 포함될 경우 총 걸린 시간 25분을 만들 수 없다.

28 ②

② C와 E는 4회차까지 4장, 5장의 카드를 확보했다. C가 5회차에 2장의 카드를 추가하게 되면 6장으로 4회차의 E보다는 카드가 많지만 E가 5회차에 8점 이상의 점수를 획득할 경우 E의 카드는 6장 이상이 되므로 C가 E보다 추천될 확률이 높다고 할 수 없다.

① 5회차에서 B만 10점을 받는다고 했으므로 D가 9점을 받더라도 B가 추천될 확률이 더 높다.

③ D는 5회차 점수와 상관없이 총점이 40점을 넘지 못하여 추첨함에 카드를 넣을 수 없다.

④ 5회차에 모두 같은 점수를 받는다면 전원이 추가되는 카드 수가 같으므로 4회차까지 획득한 카드의 수가 가장 많은 A가 추천될 확률이 가장 높다.

29 ④

금요일 17시에 회의를 개최할 경우 C, D를 포함하여 A, B, F가 회의에 참여할 수 있다.

① 17:00~19:20 사이에 3명(C, D, F)의 회의가능 시간이 겹치므로 월요일에 회의를 개최할 수 있다.

② 금요일 16시 회의에 참여 가능한 전문가는 A, B, C, F이며 네 명의 회의 장소 선호도는 '가 : 19점', '나 : 28점', '다 : 24점'으로 가장 높은 점수인 '나'가 회의 장소가 된다.

③ 목요일 16시에 회의를 개최하면 참여 가능한 전문가는 A, E 둘뿐이므로 회의개최가 불가능하다.

30 ③

구분 \ 회의시간	화요일 3시	금요일 4시	금요일 5시	금요일 6시
참석인원 수	3명 (A, C, E)	4명 (A, B, C, F)	5명 (A, B, C, D, F)	3명 (C, D, F)
회의 장소	나(22점)	나(28점)	나(34점)	나(22점)

금요일 5시에는 5명이 참석하므로 회의수당으로 50만 원이 든다. '나' 회의장소의 5시 이용 가격 6만 원에 2명 초과 인원의 추가요금 3만 원을 더한 금액에서 10% 할인을 받으므로 (60,000원+30,000원)×0.9 = 81,000원이 회의장소 대여비용이 된다.

① 화요일 3시 : 회의수당 30만 원 + 65,000원 = 365,000원

② 금요일 4시 : 회의수당 40만 원 + (65,000원 + 15,000원)×0.9 = 472,000원

④ 금요일 6시 : 회의수당 30만 원 + 60,000원×0.9 = 354,000원

31 ③

③은 기업 경영의 목적이다. 기업 경영에 필수적인 네 가지 자원으로는 시간(④), 예산(①), 인적자원, 물적자원(②)이 있으며 물적자원은 다시 인공자원과 천연자원으로 나눌 수 있다.

32 ③

화요일 일정에는 거래처 차량이 지원되므로 5,000원이 차감되며, 금요일 일정에는 거래처 차량 지원과 오후 일정으로 인해 5,000 + 7,000 = 12,000원이 차감된다.

따라서 출장비 총액은 25,000 + 40,000 + 18,000 = 83,000원이 된다.

33 ②

전략적 인적자원관리는 조직과 개인 목표의 통합을 강조한다.

※ **전략적 인적자원관리** … 조직의 비전 및 목표, 조직 내부 상황, 조직 외부환경을 모두 고려해 가장 적합한 인력을 개발·관리해 조직의 목표를 극대화하고자 하는 인사관리

34 ④

㉠은 공정 보상의 원칙, ㉡은 단결의 원칙에 대한 설명이다.

• 공정 인사의 원칙 : 직무 배당, 승진, 상벌, 근무 성적의 평가, 임금 등을 공정하게 처리

• 종업원 안정의 원칙 : 직장에서의 신분 보장, 계속해서 근무할 수 있다는 믿음으로 근로자의 안정된 회사 생활 보장

35 ②

주어진 설명에 의해 4명의 자질과 가능 업무를 표로 정리하면 다음과 같다.

	오 대리	최 사원	남 대리	조 사원
스페인어	○	×	○	×
국제 감각	○	×	×	○
설득력	×	○	○	○
비판적 사고	×	○	○	×
의사 전달력	○	○	×	○

위 표를 바탕으로 4명의 직원이 수행할 수 있는 업무를 정리하면 다음과 같다.

- 오 대리 : 계약실무, 현장교육
- 최 사원 : 시장조사
- 남 대리 : 협상, 시장조사
- 조 사원 : 현장교육

따라서 필요한 4가지 업무를 모두 수행하기 위해서는 오 대리와 남 대리 2명이 최종 선발되어야만 함을 알 수 있다.

36 ③

'회계학과 전공/인사 프로그램 사용 가능', '경영학과 전공/노무사 관련 지식이 있는' 사람이 인사총무부에 배치되고, IT기획부에는 컴퓨터 계열 전공을 사람이 배치되는 것이 적절하다. 광고심리학 지식 및 창의력 대회 입상 경력이 있는 사람이 홍보실에서 필요로 하는 인재상과 부합한다.

37 ②

- A, B, C, D 구매금액 비교

'갑' 상점	총 243만 원	=(150 + 50 + 50 + 20) × 0.9
'을' 상점	총 239만 원	=130 + 45 + 60×0.8 + 20×0.8

'갑' 상점에서 A와 B를 구매하여 C, D의 상품 금액까지 10% 할인을 받는다고 해도 '을' 상점에서 혜택을 받아 A, B, C, D를 구매하는 것이 유리하다.

- C, D, E 구매금액 비교

'을' 상점 (A 구매 가정)	총 74만 원	= 60×0.8+20×0.8+10
'병' 상점	총 75만 원	=50 + 25 + 5

A 금액이 가장 저렴한 '을' 상점에서 C, D제품까지 구매하는 것이 유리하며, E 역시 '을' 상점에서 구매하는 것이 가장 적은 금액이 든다.

B의 경우 '병' 상점에서 40만 원으로 구매하여 A, B, C, D, E를 최소 금액 244만 원으로 구매할 수 있다.

38 ④

C(9시~10시) – A(10시~12시) – B(12시~14시) – F(14시~15시) – G(15~16시) – E(16~18시) – D(18시~)

① E 서점을 들른 후 16시가 되는데, 이 경우 G 미술관에 방문할 수 없다.

② F은행까지 들른 후면 13시가 되는데, B 거래처 대리 약속은 18시에 가능하다.

③ G 미술관 방문을 마치고 나면 11시가 되는데 F 은행은 12시에 가야 한다. F 은행 방문 후 13시가 되는데, 이럴 경우 B 거래처 대리와의 약속은 18시로 잡아야 한다.

39 ②

㈐ C의 무게와 음악재생시간은 각각 1.1kg, 16H이다. D의 무게와 음악재생시간은 각각 1.2kg, 14H이다. D의 무게가 C보다 더 무겁지만 음악재생시간은 C가 D보다 더 길다. 그러므로 옳지 않다.

㈑ A의 용량과 음악재생시간은 각각 300GB, 15H이다. B의 용량과 음악재생시간은 각각 310GB, 13H이다. B가 용량이 A보다 더 크지만 음악재생시간은 B보다 A가 더 길다. 따라서 용량이 클수록 음악재생시간이 길다는 것은 옳지 않다.

40 ②

L씨는 노트북 무게에 있어서 1kg까지 괜찮다고 했다. 그러므로 후보는 A와 B이다. 그런데 음악재생시간이 긴 제품을 선호한다 했으므로 A와 B중 음악재생시간이 더 많은 A가 가장 적합하다.

선물로는 음악재생시간이 16H, 용량이 320GB 이상의 조건을 충족시키는 C가 가장 적합하다.

41 ③

① 조직의 규모가 클수록 공식화 수준이 높아진다.

② 조직의 규모가 클수록 조직 내 구성원의 응집력이 약화된다.

④ 조직의 규모가 클수록 복잡성이 높아진다.

42 ④

조직이 성숙 및 쇠퇴 단계에 이르면 조직문화는 조직 혁신을 저해하는 요인이 된다.

43 ②

제시문은 조직의 원리 중 '통솔범위의 원리'에 대한 내용이다.

① **계층제의 원리** : 조직 내의 권한과 책임, 의무의 정도에 따라 조직구성원들 간에 상하의 계층이나 등급을 설정하여 계층 간 상명하복 관계가 성립되도록 하는 것

③ **명령통일의 원리** : 조직의 각 구성원은 누구나 한 사람의 직속 상관에게만 보고하고 또 그로부터 명령을 받아야 한다는 원칙

④ **조정의 원리** : 조직의 공동 목표를 달성하기 위해 하위 체계 사이의 노력을 통합하고 조정하는 원리

44 ④

기능조직은 규모의 경제를 획득할 수 있다.

45 ③

제시된 글은 조직문화에 대한 설명이다. 조직문화의 순기능은 다른 조직과 구별되는 정체성을 제공하고, 집단적 몰입을 통해 시너지를 만든다는 것이다. 반면 역기능도 있다. 조직문화가 지나칠 경우 환경변화에 대한 신속한 대응을 저해하고 변화에 대한 저항을 낳을 수 있다. 또한 외부 집단에 필요 이상의 배타성을 보일 수 있다.

46 ①

매트릭스 조직은 구성원이 원래의 종적 계열에 소속됨과 동시에 횡적 계열이나 프로젝트 팀의 일원으로서 임무를 수행하는 형태이므로 이중적인 명령 체계를 가진다.

② 시장의 새로운 변화에 유연하게 대처할 수 있다.

③ 기능적 조직과 프로젝트 조직을 결합한 형태이다.

④ 단일 제품을 생산하는 조직에는 적합하지 않다.

47 ②

'노사협력실'은 '안전혁신본부'에 속해 있다.

48 ③

본사 공통인 '소관분야 주요사업 시행계획'에 대해서는 고객홍보실장이 최종 결재권자이다.

① '월간 안전점검 계획수립 및 결과보고'의 최종 결재권자는 '처장'이다.

② 실장은 처장에 준한다고 하였으므로, 기획조정실 실장은 '직무분석 계획수립'과 '분야별 직무분석 실시' 건에 대해 결재하여야 한다.

④ 중장기 경영계획 제출에 대해서는 본사 공통이므로 안전혁신본부장은 '안전혁신분야 중장기 경영계획'에 관한 보고서에도 결재해야 한다.

49 ③

김씨 : $(24 \times 5) - (6 \times 3) + (16 \times 10) - (4 \times 5) = 242$

이씨 : $(20 \times 5) - (10 \times 3) + (19 \times 10) - (1 \times 5) = 255$

정씨 : $(28 \times 5) - (2 \times 3) + (15 \times 10) - (5 \times 5) = 259$

박씨 : $(23 \times 5) - (7 \times 3) + (17 \times 10) - (3 \times 5) = 249$

50 ②

금융사업본부장 아래 조직으로 수신과와 여신과가 있으며 5개 지점은 금융사업본부장 소속이 아니다.

1　③

③ 'ㅐ'는 단모음으로 발음할 때 입술이나 혀가 고정되어 움직이지 않는다.

① 'ㅏ'는 저모음, 'ㅓ'는 중모음으로 혀의 높낮이가 다르다.

② 'ㄷ, ㅌ, ㄸ'는 파열음으로 소리를 내는 방식이 같다.

④ 첫 번째 '배'는 '배나무의 열매', 두 번째 '배'는 '사람이나 동물의 몸에서 위장, 창자, 콩팥 따위의 내장이 들어 있는 곳으로 가슴과 엉덩이 사이의 부위'의 의미를 가지는 다의어이다.

2　③

③에서 사용한 손이 크다는 말은 씀씀이가 후하고 크다는 관용 표현이 아닌 실제로 미영이의 손이 큰 것이라고 볼 수 있다.

3　②

① 넉넉치 않은 → 넉넉지 않은

③ 들어나자 → 드러나자

④ 것이요 → 것이오

4　②

② 밟다[밥ː 따]는 표준발음법 제10항 '겹받침 'ㄳ', 'ㄵ', 'ㄼ, ㄽ, ㄾ', 'ㅄ'은 어말 또는 자음 앞에서 각각 [ㄱ, ㄴ, ㄹ, ㅂ]으로 발음한다'의 예외 사항으로 '다만, '밟-'은 자음 앞에서 [밥]으로 발음한다'에 해당하는 예시이다.

5　①

① 피가 켕기다 : 핏줄이 이어진 골육 사이에 남다른 친화력이 있다.

② 피를 부르다 : 사람들을 다치게 하거나 죽게 하다.

③ 피를 말리다 : 몹시 괴롭히거나 애가 타게 만들다.

④ 피를 빨다 : 재산이나 노동력 따위를 착취하다.

6　③

③ 제24항의 조항에 따라 피동, 사동의 접미사 '-기-'는 된소리로 발음하지 않으므로 감기다는 [감기다]로 발음한다.

7　③

③ 중세국어 표기법은 소리 나는 대로 적는 표기를 원칙으로 하여 이어적기를 하므로 '쟝긔파늘 밍ᄀ러늘'로 적어야 한다.

8　③

③ 'ㆁ'은 아음, 'ㄹ'은 설음, 'ㅿ'은 치음의 이체자이다.

① 'ㄴ'은 혀가 윗잇몸에 붙는 모양을 상형한 것이다.

② 초성은 발음 기관을 상형하고 기본자에 가획한 글자로 총 17(ㄱ, ㅋ, ㆁ ㄴ, ㄷ, ㅌ, ㄹ, ㅁ, ㅂ, ㅍ, ㅅ, ㅈ, ㅊ, ㅿ, ㅇ, ㆆ, ㅎ)자이다.

④ 중성은 삼재(三才: 天, 地, 人)를 상형하고 기본자를 합성하여 제자하였다.

9　②

주어진 글에서 화자는 한숨을 막아보려 문을 닫고 자물쇠를 잠그며 온 틈을 막아보려 노력하지만 어느 틈으로 한숨이 들어와 잠 못 들어 하며 세상을 한탄하고 있다. 여기서 한숨은 끊이지 않는 세상의 시름이며 '큰 자물쇠로 깊숙이 채웠는데'라는 표현을 통해 화자의 깊은 고뇌를 느낄 수 있다.

10　④

④ 주어진 글에서 사용되는 다양한 음성 상징어는 감각적 이미지와 생동감을 그려내는 역할을 한다.

11　④

①②③에서는 표면적으로는 모순되거나 부조리한 것 같지만 그 표면적인 진술 너머에서 진실을 드러내는 수사법인 역설법이 사용되었다.

④에 나타난 표변 방법은 직유법이다.

12 ③

③ 국민 문학파는 계급 문학의 세력에 대항하여 민족주의 문학을 주장하고, 전통을 존중하여 국민적인 공동 의식을 중시하던 문학 활동을 지칭하며 최남선, 이광수, 양주동, 이병기, 이은상이 이에 해당한다.

13 ②

김시습의 「금오신화」에는 〈만복사저포기〉, 〈이생규장전〉, 〈취유부벽정기〉, 〈용궁부연록〉, 〈남염부주지〉 5편이 수록되어 있다.

14 ①

머리털을 베어 신발을 삼다 : 무슨 수를 써서라도 자기가 입은 은혜는 잊지 않고 꼭 갚겠다는 것을 비유적으로 이르는 말

15 ①

① 입신양명 : 사회적(社會的)으로 인정(認定)을 받고 출세(出世)하여 이름을 세상(世上)에 드날림
② 사필귀정 : 처음에는 시비(是非) 곡직(曲直)을 가리지 못하여 그릇되더라도 모든 일은 결국에 가서는 반드시 정리(正理)로 돌아감
③ 흥진비래 : 즐거운 일이 지나가면 슬픈 일이 닥쳐온다는 뜻
④ 백년해로 : 부부(夫婦)가 서로 사이좋고 화락(和樂)하게 같이 늙음을 이르는 말

16 ②

밑줄 친 '이 시기'는 신석기 시대이다. 신석기 시대에는 돌을 갈아서 만든 간석기를 주로 사용하였다.

17 ④

고인돌이 발견된 시기는 청동기 시대이다.
①② 빗살무늬토기, 덧무늬 토기는 신석기 시대의 유적이다.
③ 덧띠 토기는 철기 시대의 유적이다

18 ④

④ 8조법의 내용을 보면 여성의 정절을 중요시 여겼으며 부계위주의 가부장적 사회였음을 알 수 있다.

19 ②

② 동예는 무천이라는 제천행사를 10월에 열었다.

20 ③

신라 왕호는 거서간→차차웅→이사금→마립간→왕순으로 변천하였다.

21 ②

① 화폐와 곡식의 출납, 회계
③ 풍속의 교정, 관리의 비리 감찰
④ 국정 전반에 걸친 중요사항 결정

22 ④

④ 신진 사대부는 재향 중소지주의 자제, 향리·하급 관리에서 주로 배출되었으며 불교를 비판하였다.

23 ③

③ 과거는 양인 이상이면 응시할 수 있으나 실제로는 양반이 주로 응시하였다. 문과의 경우 탐관오리의 아들, 재가한 여자의 아들과 손자, 서얼에게는 응시를 제한하고 무과와 잡과에는 제한이 없었다.

24 ②

② 서인은 갑인예송 때 대공복을 입을 것을 주장하였다.

25 ①

고려 국자감은 유교 경전, 문예를 배우는 유학부(국자학, 태학, 시문학)와 잡학을 배우는 기술학부(율학, 서학, 산학)가 있었다. 기술학부에서 율학은 법률, 서학은 서예, 그림, 산학은 수학을 교육하였다.

26 ②

② 동사강목은 강목체로 편찬된 역사서이다.

	서술방법	대표적 사서
기전체	본기, 열전, 세가, 지, 연표(정사체)	삼국사기, 고려사, 동사, 해동역사
편년체	연월을 중심(사실 편술)	고려사절요, 동국통감, 조선왕조실록
기사본말체	사건마다(실증적), 인과관계	연려실기술, 삼국유사, 조선사연구초
강목체	강, 목으로 서술	동사강목, 강목집요, 본조편년 강목

27 ④

④ 조선 숙종 때 2차례에 걸친 일본 본토 내에서의 안용복의 활약으로 울릉도·독도를 둘러싼 영토분쟁은 일본 측이 잘못을 인정하고 사과의 문서를 보내오면서 일단락되었다.

28 ③

김구의 삼천만동포에게 읍고함(1948.2) →㈎ 모스크바 3상회의(1945. 12) →㈏ 미·소공동위원회(1946. 3) →㈐ 5·10총선거(1948. 5) →㈑ 대한민국정부 수립(1948. 8. 15)

29 ①

㉠ 강화도 조약(1876) – ㉢ 임오군란(1882) – ㉡ 갑신정변(1884) – ㉣ 동학농민운동(1894)

30 ③

사사오입 개헌안의 내용으로 이승만 정권에서 발표한 개헌안이다.
③은 1964년 박정희 정권에서 혁신계 인사들이 인민혁명당을 만들어 북한에 동조하려 했다는 혐의로 탄압한 사건이다.

31 ④

라사열은 서아프리카 열대 우림지대의 풍토병적인 바이러스성 급성 출혈열을 의미한다. 1969년 나이지리아의 라사마을에서 발견되어 미국, 영국, 독일로 퍼졌다. 전염력이 강하고 치사율이 35~50%정도로 높으므로 엄중한 격리치료를 해야 하는 국제전염병으로 알려져 있다.

32 ③

안티모니(Antimony)라고도 불리며 원소기호는 Sb, 원자번호 51의 양성 원소를 의미하며, 산화안티몬 농도 4.2mg/m³와 3.2mg/m³에 하루 6시간씩 매주 5일, 1년 동안 노출된 실험용 쥐에게서 폐암이 발생하는 것으로도 알려지고 있다.

33 ②

PESM(Personnes Encombresde Surefficience Mentale) 증후군은 언제나 새로운 무언가를 뇌에게 제공해야 하는 것을 의미한다. PESM 증후군을 갖고 있는 사람들은 전체 인구의 10~15% 정도인데, 이들의 특징 중 하나는 유달리 감각이 예민하다는 것이다. 그래서 소음, 조명, 냄새 등으로 인한 불편을 자주 느낀다.

34 ①

블랙 코미디(black comedy)는 주로 부조리, 죽음과 같은 어두운 소재나 정치·사회적으로 비난받을 만한 소재를 풍자하며 웃음을 유발한다. 이러한 블랙 코미디는 웃기지만 생각해보면 상황을 지독히 현실적이고 냉정하게 바라보는 것이 특징이다.

35 ③

통상적으로 국제 사회에서 두 나라간의 외교 관계 수립은 절차상 처음부터 대사관을 설치하는 경우는 드물고 사전에 연락사무소나 상주대표부 설치 등으로 시작하는 게 보통이다.

36 ②

실버택배는 노인계층을 뜻하는 실버(Silver)와 택배의 합성어로, 택배사가 아파트 단지 입구까지 수화물을 배송하면, 단지 내에서는 실버택배 요원이 각 세대에 방문 배송하는 식으로 이루어지며 이러한 실버택배는 노년층 일자리 확충이라는 공익적 목적으로 도입되었다.

37 ③

③ **가스라이팅** : 타인의 심리나 상황을 교묘하게 조작해 그 사람이 현실감과 판단력을 잃게 만들고, 이로써 타인에 대한 통제능력을 행사하는 것을 말한다. 가스라이팅이란 〈가스등(Gas Light)〉(1938)이라는 연극에서 비롯된 정신적 학대를 일컫는 심리학 용어이다.

① **코타르 증후군** : 자신이 이미 죽었다고 믿는 사람들로, 일명 '걷는 시체 증후군'이라고도 불린다. 이들은 자신의 신체 일부가 이미 사라졌거나 죽었다고 착각하기 때문에, 먹거나 마시거나 하는 기본적인 생존 활동을 포기한 채 마치 좀비처럼 살아가는 모습을 보인다.

② **위약효과** : 약효가 전혀 없는 약을 먹고도 약효 때문에 병이 난 것과 같은 효과를 얻는 현상을 '가짜 약 효과'라고 한다.

④ **나르시시즘** : 자기를 지나치게 사랑하고, 자기 중심적인 사고 방식을 가지고 자기 도취에 빠져 있는 현상을 말한다.

38 ④

일본 소외, 일본 배제라는 뜻으로 최근 한반도를 둘러싼 국제 정세에서 일본이 빠진 채 논의하는 현상을 뜻하는 용어로 일본은 김정은 위원장의 2018년 1월 1일 신년사를 통해 한반도에 극적인 대화 국면이 시작된 뒤에도 한동안 "북한의 미소 외교에 넘어가선 안된다"고 주장하며 한-미-일이 강하게 연대해 북한에 대한 압박을 강화해야 한다는 '강경 노선'을 유지해 왔다. 그러나 도널드 트럼프 대통령이 2018년 3월 8일 김 위원장의 정상회담 제안을 받아들인 뒤, 부랴부랴 미-일 정상회담을 추진하고 문재인 대통령과 수차례 전화회담을 하는 등 '재팬 패싱'을 막기 위해 안간힘을 써왔다.

39 ④

크림 스키밍(cream skimming)은 원유에서 맛있는 크림만을 골라 먹는데서 유래한 단어로 기업이 이익을 창출할 것으로 보이는 시장에만 상품과 서비스를 제공하는 현상을 뜻한다. 1997년 세계무역기구(WTO) 통신협상 타결 뒤 1998년 한국 통신시장이 개방하면 자본과 기술력을 갖춘 다국적 통신사가 국내 통신사업을 장악한다는 우려와 함께 '크림 스키밍'이 사용되었다.

40 ②

4·27 판문점 선언은 문재인 대한민국 대통령과 김정은 조선민주주의인민공화국 국무위원장이 2018년 4월 27일 판문점 평화의 집에서 채택한 3차 남북정상회담 공동선언을 의미하는 것으로 한반도 평화체제 구축, 연내 종전과 남북미 혹은 남북미중 회담 추진, 남북공동연락사무소 개성 설치, 이산가족 상봉 등을 담고 있다.

41 ②

아웃링크(outlink)는 포털사이트가 아닌 뉴스사이트에서 직접 뉴스를 보는 방식을 말한다. 국내의 네이버·다음 같은 포털사이트에서는 인 링크(네이버 화면 안에서 뉴스를 보는 방식)로 뉴스를 제공하고 있다. 반면 외국의 구글이나 페이스북은 아웃링크 방식으로, 이용자가 기사를 선택하면 해당 언론 사이트로 넘어가 기사를 보게 된다.

42 ③

파킹(parking) 통장은 잠시 주차를 하듯 짧은 시간 여유자금을 보관하는 통장을 의미한다. 일반 자유입출금 통장처럼 수시입출금이 가능하면서 비교적 높은 수준의 금리를 제공하는데, 특히 하루만 맡겨도 금리 수익을 거둘 수 있다는 게 장점으로 꼽힌다.

43 ④

에콜42(ecole42)는 스타트업 육성학교로 불리는 프랑스 정보통신기술 학교로 프랑스 이동통신사 '프리'의 자비에르 니엘 프리 회장이 2013년 사재로 설립했다. 자비에르 니엘 회장은 오늘날 필요한 인재의 덕목으로 자발적 문제 해결 능력과 동료와 협업 능력을 우선시했다.

44 ①

패스트 트랙(Fast Track)은 일시적으로 자금난을 겪고 있는 중소기업을 살리기 위한 유동성 지원 프로그램을 의미한다.

45 ④

레밍 신드롬은 자신의 생각 없이 남들이 하는 행태를 무작정 따라하는 집단행동 현상을 의미하는 것으로 레밍 신드롬은 맹목적인 집단행동을 비난할 때 종종 인용되며, 다른 말로 레밍효과 (The Lemming effect) 라고도 한다.

46 ③

에이트 포켓은 출산율이 낮아지면서 한 명의 아이를 위해 부모, 양가 조부모, 삼촌, 이모 등 8명이 지갑을 연다(아이를 위한 지출을 한다.)는 것을 의미한다.

47 ②

와일드 카드는 스포츠 용어로는 축구, 테니스, 사격, 체조, 야구 등 일부 종목에서 출전자격을 따지 못했지만 특별히 출전이 허용된 선수나 팀을 의미한다. 이러한 와일드 카드는 1994년 232일 간의 긴 파업 끝에 개막된 1995년의 포스트시즌부터 시작되었다. 파업 후유증으로 페넌트 레이스 경기 수가 줄어든 대신 1994년 불발에 그친 와일드 카드가 관중들의 흥미를 돋우기 위해 처음 도입된 것이다.

48 ④

알파세대는 2011~2025년에 태어난 세대로, 이들은 태어날 때부터 인공지능(AI)과 같은 디지털 기술을 놀이로 체험하고 받아들인다. 로봇과 친숙하게 소통하는 것 역시 알파세대의 특징 중 하나다.

49 ②

위수령은 육군 부대가 한 지역에 계속 주둔하면서 그 지역의 경비, 군대의 질서 및 군기(軍紀) 감시와 시설물을 보호하기 위하여 제정된 대통령령을 의미하는 것으로 제정된 위수령에 따르면 위수사령관은 치안 유지에 관한 조치에 관하여 그 지구를 관할하는 시장·군수·경찰서장과 협의하여야 하며, 병력 출동은 육군참모총장의 사전승인을 얻어야 하나 사태가 위급한 경우 사후승인도 가능하도록 하였다. 병기는 자위상(自衛上)의 필요, 진압·방위 등의 필요가 있을 때에 사용하며, 사용하였을 때는 즉시 육군참모총장에게 보고하도록 하였다.

50 ③

퍼빙은 스마트폰을 사용하느라 같이 있는 사람을 소홀히 대하거나 무시하는 현상을 나타내는 용어로 예를 들어 스마트폰을 계속 보면서 대화를 이어가거나 메시지가 올 때마다 회신을 하는 등의 행위가 퍼빙에 해당한다.

제3회 정답 및 해설

✍ 직업기초능력

1 ②

문제의 빈칸에는 주어진 작품의 작가가 들어간다. 홍길동전은 허균의 작품, 무정은 춘원 이광수의 작품이다.

2 ①

'강직하다'는 '마음이 꼿꼿하고 곧다'는 의미로 '교활하다'와 반의 관계이다. '함구하다'는 '말하지 아니하다'는 뜻으로 '떠벌리다'와 반의 관계이다.

3 ④

제시된 문장과 ④에서 '틀다'는 '음향기기 따위를 작동하게 하다'라는 의미이다.
① 일정한 방향으로 나가는 물체를 돌려 다른 방향이 되게 하다.
② 상투나 쪽 따위로 머리털을 올려붙이다.
③ 잘되어 가던 일을 꼬이게 하다.

4 ④

㉠ 기도
㉡㉢ 기원
㉣ 기지
㉤ 기운

5 ④

④ 수입 원자재에 대한 과세를 강화할 경우 원자재 가격이 더욱 상승하여 상품의 가격이 상승하게 되고 수출이 점점 둔화되는 악순환을 가져올 수 있다.

6 ②

㈏ 대동법의 본질적 요소 : 양입위출→㈎ 양입위출에 대한 공안 개정론자와 대동법 실시론자의 해석→㈑ 공안 개정론자와 대동법 실시론자의 문제인식→㈐ 공안 개정론자와 대동법 실시론자의 기존 제도에 대한 의견 차이

7 ④

㉠ 주머니 통장과 주머니 적금은 비대면 수신상품으로 은행에 방문하지 않고도 만들 수 있는 금융상품이다.
㉣ 주머니 통장과 주머니 적금은 재미있는 저축(Fun Saving)을 모토로 의식적인 저축 활동 없이도 쉽게 재테크를 하는데 주안점을 두었다고 소개되고 있다.
㉡ 주머니 통장은 목표금액(평잔기준)을 달성하면 최고 연1.5%의 금리를 받을 수 있다.
㉢ N상호금융은 상품 출시를 기념해 9월 28일까지 '주머니에 쏙쏙' 이벤트를 펼친다고 나와 있으며, 매월 이벤트가 진행되는 것은 아니다.

8 ④

추천은 어떤 조건에 적합한 대상을 책임지고 소개하는 것을 의미하고 추첨은 제비를 뽑음 즉, 무작위로 뽑는 것을 의미하므로 윗글에서는 '추첨'을 쓰는 것이 적절하다.
① 2030세대가 개발한 것이 아닌 2030세대를 대상으로 한 것이므로 '개발된'으로 고치는 것이 적절하다.
② '자유로운'은 자유롭다의 활용형으로 띄어쓴다.
③ 해당 문장에서 생략된 주어인 '주머니 통장'이 장점이 되는 것이 아니므로 '입출금의 편리함과 정기예치 효과를 동시에 누리는 장점이 있다'로 고치는 것이 적절하다.

9 ③

이 글은 역사를 공부하는 이유에 대한 글이다. 첫 문단에서는 역사와 역사가의 관계를 말하고 있으며, 둘째 문단에서는 역사가가 역사를 기록하는 데 있어 오늘날의 관점이 중요하다는 것을 말하고 있다. 이어지는 문단에서는 개인과 역사적 사건의 관계에 대해서 그리고 다음 문단에서는 현대 정보화 사회에서 역사가 지니는 효용성에 대해 서술하고 있다. 그리고 마지막 문단에서 역사는 삶의 과정에서 올바른 길을 판단하는 안목을 길러주고 실천 의지를 강화시켜주는 것으로 역사 공부를 통해 의미있는 삶을 만들어 나갈 수 있음을 말하고 있다.

10 ②

이 글의 주제는 역사는 의미 있고 가치 있는 삶을 살아가기 위해 반드시 필요하다는 것이다. 역사는 인간에게 현재 자신의 위치와 목표를 확인하게 하고 올바른 길을 제시하는 것이라고 했다. 즉 우리 인간을 지혜롭고 현명하게 만드는 것이다. 이와 동일한 견해가 나타난 것은 ②이다.

11 ③

주어진 수는 첫 번째 수에 1부터 제곱수가 더해지는 규칙을 가지고 있다.

8 $(+1^2)$ 9 $(+2^2)$ 13 $(+3^2)$ 22 $(+4^2)$ 38 $(+5^2)$ 63 $(+6^2)$ '99'

12 ②

제시된 수열은 ×2과 −4의 수식이 반복해서 행해지고 있다.

12 (×2) 24 (−4) 20 (×2) 40 (−4) 36 (×2) 72 (−4) 68 (×2) '136'

13 ③

甲이 맞힌 문제 수를 x개, 틀린 문제 수를 y개라 하면

$\begin{cases} x+y=20 \\ 3x-2y=40 \end{cases}$ $\quad \therefore x=16, y=4$

따라서 甲이 틀린 문제 수는 4개이다.

14 ④

강대리가 이긴 횟수를 x회, 진 횟수를 y회라 하면 유대리가 이긴 횟수는 y회, 진 횟수는 x회이다.

$\begin{cases} 2x-y=7 \\ 2y-x=-2 \end{cases}$ $\quad \therefore x=4, y=1$

따라서 강대리가 이긴 횟수는 4회이다.

15 ③

5명의 사원 중 만두를 선택한 사원은 A, B, C, E의 4명이고, 이 중에서 쫄면도 선택한 사원은 C, E의 2명이므로 구하는 확률은 $\dfrac{\frac{2}{5}}{\frac{4}{5}} = \dfrac{1}{2}$

16 ③

관객 투표 점수와 심사위원 점수를 각각 a, b라 하면 두 점수의 합이 70인 경우는

$a=40, b=30$ 또는 $a=30, b=40$ 또는 $a=20, b=50$ 이다.

관객 투표 점수를 받는 사건과 심사 위원 점수를 받는 사건이 서로 독립이므로

(i) $a=40, b=30$일 확률은 $\dfrac{1}{2} \times \dfrac{1}{6} = \dfrac{1}{12}$

(ii) $a=30, b=40$일 확률은 $\dfrac{1}{3} \times \dfrac{1}{3} = \dfrac{1}{9}$

(iii) $a=20, b=50$일 확률은 $\dfrac{1}{6} \times \dfrac{1}{2} = \dfrac{1}{12}$

이상에서 구하는 확률은 $\dfrac{1}{12} + \dfrac{1}{9} + \dfrac{1}{12} = \dfrac{5}{18}$

17 ④

기술개발단계에 있는 공모자수 비중의 연도별 차이는 45.8(2019)−36.3(2018)=9.5, 시장진입단계에 있는 공모자수 비중의 연도별 차이 36.4(2018)−29.1(2019)=7.3으로 기술개발단계에 있는 공모자수 비중의 연도별 차이가 더 크다.

① 2019년 회사원 공모자의 전년대비 증가율은

$\dfrac{567-297}{297} \times 100 = 90.9\%$ 로 90% 이상이다.

② 창업아이디어 공모자의 직업 구성의 1위와 2위는 2018년에는 기타, 회사원이고 2019년에는 회사원, 기타로 동일하지 않다.

③ 2018년에 기술개발단계에 공모자수의 비중은 $291 \div 802 \times 100 = 36.3\%$로 40% 이하다.

18 ③

ⓐ $73 + 118 = 191$, ⓑ $31 + 93 = 124$,

ⓒ $140 + 209 = 349$

ⓐ + ⓑ + ⓒ $= 664$

19 ②

② 2018년 친환경인증 농산물의 종류별 생산량에서 채소류의 유기 농산물의 비중은 12.8%이고 곡류의 유기 농산물의 비중은 15.7%로 곡류가 더 높다.

① 기타 작물의 생산량은 20,392톤에서 23,253톤으로 증가하였다.

③ 2018년 각 지역 내에서 서울, 인천, 강원도의 인증 형태별 생산량 순위는 무농약 농산물 > 유기 농산물 > 저농약 농산물 순이다.

④ 2018년 친환경인증 농산물의 전년대비 생산 감소량이 가장 큰 종류는 −29.7%로 서류이다.

20 ①

부산은 2018년 친환경인증 농산물의 생산량이 전년대비 41.6% 감소하였고, 전라도는 33.7% 감소하였다.

21 ②

평가 점수를 계산하기 전에, 제안가격과 위생도, 투입인원에서 90점 미만으로 최하위를 기록한 C업체는 선정될 수 없다. 따라서 나머지 A, B, D, E업체의 가중치를 적용한 점수를 계산해보면 다음과 같다.

• A업체 :
 $85 \times 0.4 + 93 \times 0.3 + 94 \times 0.15 + 90 \times 0.15 = 89.5$

• B업체 :
 $95 \times 0.4 + 90 \times 0.3 + 91 \times 0.15 + 92 \times 0.15 = 92.45$

• D업체 :
 $93 \times 0.4 + 92 \times 0.3 + 91 \times 0.15 + 90 \times 0.15 = 91.95$

• E업체 :
 $92 \times 0.4 + 91 \times 0.3 + 93 \times 0.15 + 90 \times 0.15 = 91.55$

B업체가 가장 높은 점수를 얻었으므로 최종 선정될 업체는 B가 된다.

22 ④

이 사원과 김 사원의 진술 중 乙과 丙의 지역에 대한 진술이 동일하고 甲에 대한 진술이 다르므로 乙과 丙에 대한 진술 중 하나가 참이다. 乙이 일하는 지역이 울산이면, 甲의 지역은 대구, 울산이 아니므로 부산이 된다. 甲의 지역이 부산이므로 정 사원은 甲의 지역을 알고 있고 乙과 丙이 일하는 지역에 대한 정보는 틀린 것이므로 丙이 일하는 지역은 부산, 울산이 아닌 대구이다. (이 사원과 김 사원의 진술에서 丙의 지역이 부산이라고 가정하면 甲의 지역은 세 지역 모두 불가능하게 되어 다른 진술들과 충돌하게 된다)

23 ①

매출이 상승하면 신메뉴 개발에 성공한 것이고 신메뉴 개발에 성공할 시, 가게에 손님이 늘거나 함께 먹을 수 있는 메뉴들의 판매량이 늘어난다. 가게에 손님이 늘진 않았다고 했으므로 함께 먹을 수 있는 다른 메뉴들의 판매량이 늘어난 것이라고 볼 수 있다.

24 ④

손해평가인으로 위촉된 기간이 3년 이상이면서 손해평가 업무를 수행한 경력이 있어야 1차 시험 면제 대상자가 되므로 손해평가 업무 경험이 없는 D씨는 시험의 일부 면제를 받을 수 없다.

25 ②

주어진 대화에서 대표성이 없는 자료를 근거로 A의 주장을 반대하고 있으므로 성급한 일반화의 오류를 범하고 있다고 할 수 있다.

26 ④

기획안에 대한 내용으로 설득하지 않고 친분을 이용하여 설득하려는 것은 개인 관계에 호소하는 오류이다.

27 ②

세무서장은 허가 등을 받아 사업을 경영하는 자가 국세를 3회 이상 체납한 경우로서 그 체납액이 500만 원 이상일 때에는 그 주무관서에 사업의 정지 또는 허가 등의 취소를 요구할 수 있다. 乙은 국세 1억 원을 1회 체납하였기에 허가 등의 취소 대상이 되지 않는다.

28 ④

금요일에 丙이 담당하는 음식이 2가지 나온다고 했으므로 후식은 푸딩이 된다. 후식에서 오직 식혜만 2번 나오며 같은 음식이 이틀 연속 나올 수 없다고 했으므로 월요일 후식은 식혜가 되며 수요일과 목요일은 각각 식혜와 요구르트 각각 가능하다.

주어진 조건에 따라 〈점심식단〉을 정하면 다음과 같다.

종류 \ 요일	월요일	화요일	수요일	목요일	금요일
밥	콩나물밥	흰밥	짜장밥	흰밥	곤드레나물밥
국	아욱된장국	청국장	콩나물국	사골국	뭇국
김치	배추김치	열무김치	열무김치	배추/열무	
기타반찬	계란말이	메추리알장조림	진미채볶음	제육볶음	소세지볶음
후식	식혜	수정과	식혜/요구르트	요구르트/식혜	푸딩

29 ④

△△보일러 품질보증기간 이내에 동일 하자에 대해 2회까지 수리하였으나 하자가 재발하는 경우 또는 여러 부위 하자에 대해 4회까지 수리하였으나 하자가 재발하는 경우는 수리 불가능한 것으로 본다. 수리 불가능 시 제품교환 또는 구입가 환급이 가능하다.

30 ④

소비자의 고의·과실로 인한 고장인 경우이며 품질보증기간과 부품의무보유기간 내에 수리를 요구하고 있으므로 정액감가상각비 공제 후 환급해야 한다. 따라서 50만 원−12만 원=38만 원이다.

31 ②

㈎ 8:25+30분+5시간+10분=14:05 → 미팅 시간보다 늦으므로 불가능

㈏ 7:15+15분+6시간+10분+10분=13:50

㈐ 7:20+30분+5시간 30분+20분+10분=13:50

㈑ 8:05+15분+5시간 25분+10분=13:55

2시(14:00) 전까지 도착할 수 있는 선택지 ㈏, ㈐, ㈑ 중 ㈏와 ㈐가 일찍 도착하고 둘 중 비용이 적게 들어가는 선택지는 ㈏이다.

32 ④

- 직접비용 : 재료비, 원료와 장비, 시설비, 여행(출장) 및 잡비, 인건비 등
- 간접비용 : 보험료, 건물관리비, 광고비, 통신비, 사무비품비, 각종 공과금 등

33 ④

- 이승훈 : 200만 원 × 0.25 = 50만 원
- 최원준 : 260만 원 × 0.15 = 39만 원
- 신영희 : 280만 원 × 0.15 = 42만 원
- 남준혁 : 230만 원 × 0.20 = 46만 원
- 권영철 : 320만 원 × 0.15 = 48만 원

34 ③

밝기에 따른 가로등 금액은 다음과 같다.

가로등 밝기	5	4	3	2	1
금액	30만 원	25만 원	20만 원	15만 원	10만 원

㈎ : 모서리 4개를 제외하면 가로에 8개, 세로에 6개의 가로등 설치
→ 8×20+6×20+30×4=400만 원

㈏ : 모서리 4개를 제외하면 가로에 18개, 세로에 6개의 가로등 설치
→ 18×10+6×25+30×4=450만 원

㈐ : 모서리 4개를 제외하면 가로에 6개, 세로에 2개의 가로등 설치
→ 6×30+2×25+4×30=350만 원

㈑ : 모서리 4개를 제외하면 가로에 18개, 세로에 14개의 가로등 설치

→ $18 \times 10 + 14 \times 10 + 30 \times 4 = 440$만 원

따라서 ㈐가 선택된다.

35 ④

① 기본 연차 6일＋성과 3일－1일－1.5일＝6.5일

② 기본 연차 5일＋직급 5일－3일＝7일

③ 기본 연차 8일＋직급 2일＋성과 1일－4일－2일＝5일

④ 기본 연차 11일＋직급 3일－2일－4.5일＝7.5일

36 ①

A본부에서 사이즈 조사 못한 2명은 L사이즈에, B본부의 1명은 XXL사이즈에, C본부의 3명은 S 혹은 L사이즈로 주문하게 된다. 할인 전 A본부 티셔츠 총 구매금액은 168,500원(＝6,000원 × 27개＋6,500원), B본부의 할인 전 총 구매금액은 로고인쇄를 한다고 했으므로 500원씩 추가하여 (6,500원 × 9개) + (7,000원 × 7개) = 107,500원이다. 또, C본부는 130,000원(＝6,500원 × 20개)이다. 세 본부 모두 색상을 통일했으므로 동일 색상으로 총 64벌이 되어 10%의 할인을 받을 수 있다. 따라서 N에서 지원해야 하는 금액은 365,400원이다.

37 ③

본부별 신입사원 티셔츠 가격은 다음과 같다(신입사원의 티셔츠 추가구매가 사이즈 미확인자의 사이즈 결정에 영향을 미치지 않는다).

• A본부 : 6,000＋6,000

• B본부(로고 인쇄) : 6,500＋6,500

• C본부(로고 인쇄) : 7,000(XXL)＋6,500

총 금액 38,500원에서 10% 할인 받은 34,650원을 추가로 지원받게 된다.

38 ②

확률적 모형의 하나인 MCI 모형에서는 상품구색에 대한 효용치와 판매원서비스에 대한 효용치, 거리에 대한 효용치를 곱한 값으로 확률을 계산한다. A할인점의 효용은 150, B마트의 효용은 100, C상점가의 효용은 100, D백화점의 효용은 150이다. 따라서 B마트를 찾을 확률은 100/(150＋100＋100＋150)＝20%이다.

39 ③

유지 연수 점수(20×0.9) + 관광상품 개발 점수(10) + 관광객 증가율 점수(30×0.7) + 관광객 만족도 점수(40) = 89점. 따라서 A마을이 받게 되는 포상금은 890만 원이다.

40 ①

마을	유지 연수 점수	관광상품 개발 점수	관광객 증가율 점수	관광객 만족도 점수	총점
A	20×0.9	10×0.5	증가율 : $\frac{20-15}{15} \times 100 ≒ 33.3\%$ 점수 : 30	40	93
B	20×0.8	10×0.7	증가율 : $\frac{14-12}{12} \times 100 ≒ 16.67\%$ 점수 : 30×0.7	40×0.9	80
C	20×0.8	10	증가율 : 0 점수 : 30×0.5	40	81
D	20×0.8	10	$\frac{20-16}{16} \times 100 = 25\%$ 점수 : 30	40×0.9	92

41 ①

애드호크라시 ⋯ 다양한 분야의 전문가들이 주어진 문제를 해결하기 위해 프로젝트를 수행하는 임시적 조직구조

42 ④

이 구조는 사업부조직이다. 사업부조직은 중기업과 대기업에 적합한 구조이며, 기업성장과 제품다각화가 목표이다. 재무적·전략적 통제가 강화되며, 자주적 경영활동을 할 수 있는 환경이 조성된다. 그러나 사업부 간의 권한 배분문제, 정보의 왜곡과 과열경쟁, 단기 연구개발 초점, 관리비용증가 등이 단점으로 꼽힌다.

43 ④

송상현 사원의 1/4분기 복지 지원 사유는 장모상이었다. 이는 본인/가족의 경조사에 포함되므로 경조사 지원에 포함되어야 한다.

44 ①

작년 4/4분기 지원 내역을 보더라도 직위와 관계없이 같은 사유의 경조사 지원금은 동일한 금액으로 지원되었음을 알 수 있으므로 이는 변경된 복지 제도 내용으로 옳지 않다.

45 ②

전년도 경영실적 관련 자료를 받을 수 있는 부서는 재무상태 및 경영실적을 관리하는 회계팀이다. 새로운 프로젝트의 기획안은 전사기획업무를 종합 및 조정하는 기획팀에게 전달해야 한다. 해외 바이어의 차량일정은 차량 및 통신시설의 운영을 담당하는 총무부에서 담당하는 사안이며, 직원들의 상벌점 관리는 인사팀에서 담당하고 있다.

46 ④

매트릭스 조직에서는 서로 다른 기능부서에 속해 있는 전문 인력들이 프로젝트 관리자가 이끄는 프로젝트에서 함께 일한다. 매트릭스 조직에 속한 개인은 두 명의 상급자(기능부서 관리자, 프로젝트 관리자)로부터 지시를 받으며 보고를 하게 된다. 이것은 기존의 전통적 조직구조에 적용되는 명령통일의 원칙이 깨진 것으로서 매트릭스 조직의 가장 큰 특징이다.

47 ④

직원 경조사비에 대한 결재는 본부장에 받는다고 했으므로 펀드회계팀은 회계본부장에게, 회계지원팀은 ICT본부장에게 받는다.
① 비서실은 소속 부서 없이 사장에게 직접 보고 한다.
② 인사팀은 부사장 산하의 경영지원본부에 소속되어 있다.
③ 사장과 직접 업무라인이 연결되어 있는 조직원은 비서실장, 감사실장, 미래전략실장, 부사장이다.

48 ④

기계적 구조	유기적 구조
• 높은 전문화	• 기능 · 계층횡단
• 명확한 명령, 엄격한 부서화, 높은 공식화	• 자유로운 정보흐름, 낮은 공식화
• 좁은 통제 범위	• 넓은 통제 범위
• 집권화	• 분권화

49 ④

주문관리팀 이 사원의 부친상으로 인한 지출은 직원 경조사비로 결재서류는 기안서, 경조사비지출품의서이다.

50 ②

30만 원 이상의 출장계획서는 최고결재권자 또는 전결을 위임받은 본부장에게 결재를 받아야 하고, 30만 원 이상의 청구서는 사장의 결재를 받아야 한다.

1 ④
기원 … 사물이 처음으로 생김. 또는 그런 근원
- 바라는 일이 이루어지기를 빎
- 바둑을 두는 사람에게 장소와 시설을 빌려주고 돈을 받는 곳

2 ②
① 스넥 → 스낵
③ 캣츠 → 캣
④ 쇼파 → 소파

3 ③
① 안고[안: 꼬]
② 웃기기도[욷끼기도]
④ 무릎과[무릅꽈]

4 ③
③ '웃음'은 부사어 '작게'의 수식을 받고, '진행자가 웃다'와 같이 서술성이 있으므로 동사의 어간에 명사형 어미가 결합한 구성이다.
① '삶'은 '고단한'의 수식을 받고 서술성이 없으므로 파생명사이다.
② '잠'은 '깊은'의 수식을 받고 서술성이 없으므로 파생명사이다.
④ '얼음'은 서술성이 없으므로 파생명사이다.

5 ④
④ 덜퍽지다 : 푸지고 탐스럽다.

6 ③
① 외래어의 1 음운은 원칙적으로 1 기호로 적는다. (제2항)
② 파열음 표기에는 된소리를 쓰지 않는 것을 원칙으로 한다. (제4항)
④ 외래어는 국어의 현용 24 자모만으로 적는다. (제1항)

7 ④
④ 중세국어 시기에는 모음 조화가 엄격하게 지켜졌다. 지문에 나타난 어휘 중 'ᄇᆞᄅᆞ매, ᄀᆞᄆᆞ래, ᄇᆞᄅᆞ래' 등이 양성모음 'ㆍ' 뒤에 부사격 조사 '애'가 사용되었음을 통해 알 수 있다.
① '곶'은 종성부용초성을 적용한 것이며 이후 8종성법에 따라 '곳'이 된다.
② 연서법(이어적기)은 '기픈(깊은)', '므른(믈은)'을 통해 알 수 있다.
③ 글자의 왼쪽에 방점을 찍어 소리의 높낮이를 나타내었다.

8 ②
② 훈몽자회에서는 우리글의 명칭을 '반절'이라 칭했다. '한글'이란 명칭은 1910년에 최남선, 주시경 등이 '언문(諺文)'이나 '조선문자(朝鮮文字)'라는 명칭 대신에 고안하였다.

9 ②
① 표현론적 관점 : 작품을 생산자인 작가의 체험과 밀접하게 관련시켜 해석하는 관점을 말한다.
③ 효용론적 관점 : 작가가 제시한 예술적 체험과 수용자의 일상적 경험이 맺고 있는 관계를 중심으로 작품을 해석하고, 작품을 대하는 독자의 수용 양상을 중시하는 관점을 말한다.
④ 구조론적 관점 : 작품을 구성하는 부분들의 상호 관계를 통해 전체의 의미를 해석하는 방법을 말한다.

10 ①
문제에서 설명하는 비유법은 은유법이다.
① 은유법
② 의인법
③ 대유법
④ 직유법

11 ③
③ 참회록은 1942년에 발표된 윤동주의 시로 끊임없이 자신을 반성하고 성찰하는 한 인간의 내면을 정직하게 보여주는 작품이다.

12 ④

④ 규중칠우들은 본인의 공만을 내세우는 자기중심적인 태도를 보이고 있다.

13 ①

'척부인'은 길이의 단위인 '척(尺)'과 발음이 같아서 지어진 이름이다.

②③④ 생김새를 본떠서 이름을 지었다.

14 ③

③은 부부 사이에 대한 한자성어이다.

①②④은 친구 사이에 대한 한자성어이다.

③ 琴瑟相和(금슬상화) : 금(琴)과 슬(瑟)이 합주하여 화음(和音)이 조화되는 것같이 부부 사이가 다정하고 화목함을 비유적으로 이르는 말

① 伯牙絕絃(백아절현) : 자기를 알아주는 참다운 벗의 죽음을 슬퍼함

② 金蘭之交(금란지교) : 친구 사이의 매우 두터운 정을 이르는 말

④ 肝膽相照(간담상조) : 서로 속마음을 털어놓고 친하게 사귐

15 ②

② 온고지신(溫故知新) : 옛것을 익히고 그것을 미루어서 새것을 앎.

① 전전반측(輾轉反側) : 누워서 몸을 이리저리 뒤척이며 잠을 이루지 못함.

③ 낭중지추(囊中之錐) : 주머니 속의 송곳이라는 뜻으로, 재능이 뛰어난 사람은 숨어 있어도 저절로 사람들에게 알려짐을 이르는 말.

④ 후안무치(厚顏無恥) : 뻔뻔스러워 부끄러움이 없음.

16 ②

주어진 유물은 주먹도끼와 슴베찌르개로 구석기 시대에 사용하던 유물이다.

① 생산력이 낮아 모든 사람들이 공동체적 생활을 하였다.

③ 신석기 시대에 대한 설명이다.

④ 청동기 시대에 대한 설명이다.

17 ④

④ 비파형 동검은 세형 동검으로 독자적 발전을 이루었다.

18 ②

② 부여 송국리 선사취락지는 청동기 시대 집터로 다양한 크기의 장방형 움집의 흔적이 남아있다.

19 ①

민며느리제와 골장제의 풍속을 가지고 있는 나라는 옥저이다.

※ 민며느리제와 골장제

㉠ 민며느리제 : 장래에 결혼할 것을 약속하면, 여자가 어렸을 때 남자 집에 가서 성장을 하면 남자가 여자 집에 예물을 치르고 결혼하는 풍속으로 일종의 매매혼이다.

㉡ 골장제(가족공동무덤) : 가족이 죽으면 시체를 가매장하였다가 나중에 그 뼈를 추려서 목곽에 안치하고 목곽 입구에는 죽은 자의 양식으로 쌀을 담은 항아리를 매달아 놓았다.

20 ②

밑줄 친 왕은 신라 제23대 왕인 법흥왕이다. 법흥왕은 율령을 반포하고 백관의 공복을 제정하였을 뿐만 아니라 불교를 공인하고 연호를 건원이라 정하였다.

① '영락'이라는 연호는 광개토대왕이 사용하였다.

③ 신라 지증왕의 업적이다.

④ 신라 눌지왕의 업적이다.

21 ③

①②④는 취민유도 정책으로 흩어진 백성을 모으고 조세를 징수함에 법도가 있게 한다는 민생안정책으로 유교적 민본이념을 나타낸다.

③ 호족을 회유하고 견제하는 정책은 통치기반을 강화하기 위한 정책이었다.

22 ①

고려 광종은 광덕, 준풍 등의 독자적인 연호를 사용하였다.

② 신라 법흥왕의 연호이다.

③ 고구려 광개토대왕의 연호이다.

④ 고구려 장수왕의 연호이다.

23 ③

③ 홍문관은 성종 때 학문 연구 및 국왕의 자문기구 역할을 하였다.

24 ③

① 넓은 의미로는 중간 신분 계급이지만 좁게 보면 기술관을 의미한다.

② 서리와 향리, 기술관은 직역이 세습되었다.

④ 멸시와 하대를 받았다.

25 ①

고려 숙종 때 주조된 화폐는 해동통보, 해동중보, 삼한통보, 삼한중보, 동국통보, 동국중보가 있다.

26 ①

① 혼일강리역대국도지도는 동양에서 현존하는 가장 오래된 지도이다. 아메리카 대륙은 빠져있으며 아라비아 지도의 영향을 받아 모든 원나라 세계지도에 한반도의 지도를 덧붙인 것이다.

27 ①

① 임술농민봉기의 원인이다. 임술농민봉기는 경상우병사 백낙신, 진주목사 홍병원의 탐관오리, 탐학에 대한 정항으로 발생하였다.

28 ④

④ 호포법은 신분에 관계없이 가가별로 군포를 징수하여 양반에게도 징수하였다.

29 ④

① 1912년 무단통치시기에 조선 태형령을 제정하였다.

② 1910년대 막강한 군사 · 경찰력으로 인력동원과 자원착취에 있어 조선왕조보다 더 억압적이었다.

③ 1939년 민족 말살 통치의 일환이었다.

30 ①

위 사건들은 6월 항쟁과 관련이 있다. 1987년 4월 13일 전두환 대통령이 개헌논의 중지와 제5공화국 헌법에 의한 정부 이양을 골자로 한 4 · 13호헌조치를 발표하였다. 또한 박종철 고문치사사건이 조작된 사실임이 밝혀지면서 정부에 대한 국민의 분노가 확산되었다. 이에 민주헌법쟁취 국민운동본부는 6월 10일 국민대회를 개최하였다.

② 7차 개헌에 관한 내용으로 국가 비상 사태를 선언한 후, 국회를 해산하고 전국에 계엄령을 선포하여 10월 유신을 단행하였다.

③ 5 · 16 군사정변에 관한 내용이다.

④ 3 · 15 부정선거를 규탄하는 시위가 마산에서 발생하였다.

31 ④

골디락스 경제(Goldilocks economy)는 경기과열에 따른 인플레이션과 경기침체에 따른 실업을 염려할 필요가 없는 최적 상태에 있는 건실한 경제를 의미한다. 이는 다시 말해 경기과열이나 불황으로 인한 높은 수준의 인플레이션이나 실업률을 경험하지 않는 양호한 상태가 지속되는 경제를 지칭한다.

32 ①

국내 총투자율(gross domestic investment ratio)은 국민경제가 구매한 재화 중에서 자산의 증가로 나타난 부분이 국민총처분가능소득에서 차지하는 비율을 의미한다.

33 ③

그림자 금융은 집합투자기구(MMF · 채권형 · 혼합형 펀드 등), RP 거래, 유동화기구 등과 같이 은행시스템 밖에서 신용중개기능을 수행하지만 은행 수준의 건전성 규제와 예금자보호가 적용되지 않는 기관 또는 활동을 의미한다.

34 ①

인간의 욕구에 비해 자원이 부족한 현상을 희소성이라 하는데, 희소한 자원을 가지고 인간의 모든 욕구를 충족시킬 수 없기 때문에 인간은 누구든지 부족한 자원을 어느 곳에 우선으로 활용할 것인가를 결정하는 선택을 해야 한다. 이렇게 다양한 욕구의 대상들 가운데서 하나를 고를 수밖에 없다는 것으로 이때 포기해 버린 선택의 욕구들로부터 예상되는 유 · 무형의 이익 중 최선의 이익을 기회비용(opportunity cost)이라고 한다.

35 ④

어떤 사람이 실수나 불가피한 상황에 의해 사회적으로 바람직하지 못한 행위를 한 번 저지르고 이로 인해 나쁜 사람으로 낙인 찍히면 그 사람에 대한 부정적 인식이 형성되고 이 인식은 쉽게 사라지지 않는다. 이로 인해 추후 어떤 상황이 발생했을 때 해당 사람에 대한 부정적 사회인식 때문에 유독 그 사람에게 상황이 부정적으로 전개되어 실제로 일탈 또는 범죄 행위가 저질러지는 현상을 낳는 바, 이를 낙인효과라고 한다. 경제 분야에서도 이러한 현상이 발생한다.

36 ②

더블 딥은 경기가 두 번(double) 떨어진다(dip)는 뜻으로, 경기침체가 발생한 후 잠시 경기가 회복되다가 다시 경기침체로 접어드는 연속적인 침체 현상을 의미한다. 일반적으로 경기침체는 2분기 연속 마이너스 성장을 보이는 경우를 말하므로 더블 딥은 경기침체가 발생하고 잠시 회복 기미가 관측되다 다시 2분기 연속 마이너스 성장에 빠지는 것으로, 1980년대 초 있었던 미국의 경기침체는 더블 딥의 예로 자주 활용되어지고 있다.

37 ②

개별소비세는 특정한 물품 · 특정한 장소에의 입장행위, 특정한 장소에서의 유흥음식행위 및 특정한 장소에서의 영업행위에 대하여 부과되는 소비세를 말한다.

38 ③

프레너미 … friend(친구)와 enemy(적)의 합성어로, 이해관계로 인한 전략적 협력관계이지만 동시에 경쟁관계에 있는 것을 의미한다. 삼성과 구글의 관계를 예로 들 수 있다.

39 ②

타임마케팅 … 상품 및 서비스에 대한 할인혜택을 특정 요일이나 시간대에만 제공하는 마케팅 방식을 말한다. 지금까지는 대형마트나 백화점 식품코너에서 마감시간 전에 떨이 판매를 하는 경우가 대부분이었지만, 최근에는 그 영역이 점차 확대되고 있다.

40 ①

블랙아웃 … 대규모 정전 사태를 가리키는 용어로, 보통 특정 지역이 모두 정전된 경우를 일컫는다.

41 ④

햄스트링(hamstring) … 인체의 허벅지 뒤쪽 부분의 근육과 힘줄을 말한다. 햄스트링은 자동차의 브레이크처럼 동작을 멈추거나 속도 감속 또는 방향을 바꿔주는 역할을 한다. 엉덩이와 무릎관절을 연결하는 반건양근 · 반막양근 · 대퇴이두근, 무릎관절 쪽에만 붙어 있는 대퇴이두근 단두로 4개의 근육으로 되어 있다. 일반적으로 달리기나 스포츠 선수가 갑자기 방향을 바꾸거나 무리하게 힘을 줄 때 햄스트링에 손상을 입을 수 있다.

42 ④

고위공직자 및 그 가족의 비리를 중점적으로 수사·기소하는 독립기관으로, '공수처'라고도 한다. 2019년 12월 30일 '고위공직자범죄수사처 설치 및 운영에 관한 법률안(공수처법)'이 국회 본회의를 통과하고, 2020년 1월 7일 국무회의를 통해 공포되었다. 2월 10일에는 공수처 출범을 위해 제반 사항을 지원하는 국무총리 소속 '고위공직자범죄수사처 설립준비단'이 발족하고, 법 시행(7월 15일)과 함께 출범 예정이었으나 출범이 지연되었다. 이후 12월 10일 법 개정안이 국회를 통과해 해당 개정안이 12월 15일 공포·시행에 들어갔으며, 2021년 1월 21일 김진욱 초대 공수처장 취임과 함께 공식 출범하였다.

43 ②

드라이브 스루 선별진료소 … 코로나19 확진 여부를 알기 위해 차에 탄 채 안전하게 문진·검진·검체 채취·차량 소독을 할 수 있는 선별진료소를 말한다. 의심환자가 차를 타고 일방통행 동선에 따라 이동하면 의료진이 '의심환자 확인 및 문진-진료(검체 채취 등)-안내문 배포' 순서로 검사를 진행한 뒤 소독을 실시하는 방식으로 이뤄진다. 우리나라는 코로나19 확진자가 급증한 2020년 2월부터 드라이브 스루 선별진료소를 시행하면서 국내는 물론 전 세계의 호평을 받고 있다. 본래 '드라이브 스루(Drive Thru-)'는 패스트푸드 체인점 등에서 쓰이는 용어로, 소비자가 매장에 들어가지 않고 차에 탄 채로 햄버거나 음료를 주문해 받을 수 있도록 고안된 방식을 가리킨다. 이 방식에서 고안된 드라이브 스루 선별진료소는 환자와 의료진을 보호하는 것이 목적으로, 일반 선별진료소에서는 환자들이 도보로 이동하지만 드라이브 스루 선별진료소에서는 환자들이 차에 탄 채로 창문을 통해 문진·발열체크·검체 채취를 받을 수 있다.

44 ②

① 장기 자금 조달, 기업의 인수·합병, 프로젝트 파이낸스 등의 중개 업무를 하는 금융기관을 말한다. 단기자금 및 일반 예금, 대출을 취급하는 상업은행(CB: commercial bank)과 대비되는 개념이다.

② 기업에서 자금조달을 원활히 하고, 재무구조를 개선하고, 국민의 기업참여가 활발하게 이루어지게 하고, 국민경제가 발전할 수 있도록 기여하기 위해서 자사의 주식이나 경영의 내용을 공개하는 것을 말한다.

③ 자기자본의 운영이 얼마나 효율적으로 이루어졌는지 반영하는 지표로 자기자본에 대한 기간이익의 비율로 나타낸다. 보통 경상이익, 세전순이익, 세후순이익 등이 기간이익으로 이용되며, 주식시장에서는 자기자본이익률이 주가에 반영되는 경향이 강하기 때문에 투자지표로도 자주 이용된다.

④ 현재의 주가를 주당순이익으로 나눈 것이다. 주가가 주당순이익의 몇 배인가를 나타낸 것으로 투자 판단의 지표로 사용된다.

45 ②

코스피지수 … 주가지수는 주식시장 전체의 움직임을 파악하기 위하여 작성하는 지수로 우리나라 경제 상황을 총체적으로 보여주는 지표이다.

우리나라의 종합주가지수(KOSPI)는 증권거래소가 1964. 1. 4.을 기준 시점으로 다우존스식 주가평균을 지수화한 수정주가 평균지수를 산출, 발표하기 시작하였다. 다우존스식 주가지수는 주가지수를 구성하는 상장종목 중 일부 우량주만을 선정하여 산출하는 방식이다.

그 후 시장규모가 점차 확대됨에 따라 1972.1.4일부터는 지수의 채용종목을 늘리고 기준시점을 변경한 한국종합주가지수를 발표하였고 매년 지수의 채용종목수를 변경하여 왔다.

그러나 증권시장의 지속적 발전과 함께 증권분석의 새롭고 다양한 이론이 등장하면서 다우존스식 주가지수가 가지고 있는 문제점이 계속 노출됨에 따라 거래소는 시장 전체의 전반적인 주가동향을 보다 정확히 나타내기 위하여 1983.1.4일부터 시가총액식 주가지수로 전환하여 산출, 발표하고 있다.

시가총액식 주가지수는 일정시점의 시가총액과 현재 시점의 시가총액을 대비, 현재의 주가수준을 판단하는 방식이다. 즉, 지난 1980년 1월 4일 기준 상장종목 전체의 시가총액을 100으로 보고 현재 상장종목들의 시가총액이 어느 수준에 놓여 있는지를 보여주는 시스템이다.

종합주가지수
= (비교시점의 시가총액 ÷ 기준시점의 시가총액) × 100

46 ②

pandemic … 그리스어로 '모두'를 뜻하는 'pan'과 '사람'을 뜻하는 'demic'의 합성어로, 감염병이 세계적으로 대유행하는 상태 즉, '감염병 세계적 유행'을 나타내는 말이다. 2020년 3월에 WHO에서 '코로나19'를 팬데믹으로 규정하였고, 전염병 위험 수준 총 6단계에서 최상위 단계이다. 팬데믹의 지난 예로는 홍콩 독감과 신종인플루엔자를 들 수 있다.

47 ③

버팀목자금 … 코로나19 피해를 받은 소상공인에게 지급되는 맞춤형 지원금이다. 중소벤처기업부가 2021년 1월 11일부터 사회적 거리두기 강화로 집합금지·영업제한과 매출감소를 겪고 있는 소상공인 280만 명에게 버팀목자금을 지급한다고 밝혔다. 1차 버팀목자금 지원규모는 4조 1,000억 원 수준으로, 이는 정부가 2021년 1월 5일 국무회의에서 의결한 예비비 3조 6,000억 원과 새희망자금 잔액 5,000억 원을 더한 액수이다. 1차 버팀목자금은 2021년 1월 11일부터 지급이 이루어졌다.

48 ①

스윙보터 … 지지하는 정당이 없어 선거 등의 투표행위에서 어느 정당 또는 정치인에게 투표할 지 정하지 않은 이들로, 주로 정치 상황과 이슈 그리고 선거 캠페인과 본인이 관심 있는 정책 등에 따라 그때그때 선택을 달리하는 유권자들을 가리키는 말이다.

49 ④

① '어디에든 아무것도 짓지 마라'는 의미로 각종 환경오염 시설들을 자기가 사는 지역권 내에는 절대 설치하지 못한다는 지역 이기주의의 한 현상을 반영한 것이다. 'Build Absolutelt Nothing Anywhere Near Anybody'를 조합하여 만든 말이다.
② 지구촌 최대의 환경정상회의로 삶의 질을 향상하면서 후세에 하나뿐인 지구를 깨끗하고 살기 좋은 곳으로 물려줄 수 있는 지속가능한 발건 방안을 모색, 모든 국가가 이를 실천해 나가도록 하는 것을 목적으로 한다.

③ 지구온난화 규제 및 방지의 국제협약인 기후변화협약의 구체적 이행방안으로 선진국의 온실가스 감축 목표치를 규정한 것이다.
④ 뉴질랜드, 칠레, 브루나이, 싱가포르 간 체결된 아시아 태평양 지역 무역협정으로 2015년까지 회원국 간 관세와 비관세 장벽 철폐를 목표로 한다.

50 ①

웨이버 공시(waiver 公示)는 '권리포기'라는 뜻으로, 구단이 소속선수와 계약을 해제하려 할 때 다른 구단에 대해 해당 선수의 계약 양도에 관한 여부를 공시하는 것을 지칭한다.

부산교통공사 기출동형 모의고사

성명

수험번호

	0	1	2	3	4	5	6	7	8	9
	⓪	①	②	③	④	⑤	⑥	⑦	⑧	⑨
	⓪	①	②	③	④	⑤	⑥	⑦	⑧	⑨
	⓪	①	②	③	④	⑤	⑥	⑦	⑧	⑨
	⓪	①	②	③	④	⑤	⑥	⑦	⑧	⑨
	⓪	①	②	③	④	⑤	⑥	⑦	⑧	⑨
	⓪	①	②	③	④	⑤	⑥	⑦	⑧	⑨
	⓪	①	②	③	④	⑤	⑥	⑦	⑧	⑨
	⓪	①	②	③	④	⑤	⑥	⑦	⑧	⑨

직업기초능력

번호	①	②	③	④	번호	①	②	③	④
1	①	②	③	④	26	①	②	③	④
2	①	②	③	④	27	①	②	③	④
3	①	②	③	④	28	①	②	③	④
4	①	②	③	④	29	①	②	③	④
5	①	②	③	④	30	①	②	③	④
6	①	②	③	④	31	①	②	③	④
7	①	②	③	④	32	①	②	③	④
8	①	②	③	④	33	①	②	③	④
9	①	②	③	④	34	①	②	③	④
10	①	②	③	④	35	①	②	③	④
11	①	②	③	④	36	①	②	③	④
12	①	②	③	④	37	①	②	③	④
13	①	②	③	④	38	①	②	③	④
14	①	②	③	④	39	①	②	③	④
15	①	②	③	④	40	①	②	③	④
16	①	②	③	④	41	①	②	③	④
17	①	②	③	④	42	①	②	③	④
18	①	②	③	④	43	①	②	③	④
19	①	②	③	④	44	①	②	③	④
20	①	②	③	④	45	①	②	③	④
21	①	②	③	④	46	①	②	③	④
22	①	②	③	④	47	①	②	③	④
23	①	②	③	④	48	①	②	③	④
24	①	②	③	④	49	①	②	③	④
25	①	②	③	④	50	①	②	③	④

일반상식

번호	①	②	③	④	번호	①	②	③	④
1	①	②	③	④	26	①	②	③	④
2	①	②	③	④	27	①	②	③	④
3	①	②	③	④	28	①	②	③	④
4	①	②	③	④	29	①	②	③	④
5	①	②	③	④	30	①	②	③	④
6	①	②	③	④	31	①	②	③	④
7	①	②	③	④	32	①	②	③	④
8	①	②	③	④	33	①	②	③	④
9	①	②	③	④	34	①	②	③	④
10	①	②	③	④	35	①	②	③	④
11	①	②	③	④	36	①	②	③	④
12	①	②	③	④	37	①	②	③	④
13	①	②	③	④	38	①	②	③	④
14	①	②	③	④	39	①	②	③	④
15	①	②	③	④	40	①	②	③	④
16	①	②	③	④	41	①	②	③	④
17	①	②	③	④	42	①	②	③	④
18	①	②	③	④	43	①	②	③	④
19	①	②	③	④	44	①	②	③	④
20	①	②	③	④	45	①	②	③	④
21	①	②	③	④	46	①	②	③	④
22	①	②	③	④	47	①	②	③	④
23	①	②	③	④	48	①	②	③	④
24	①	②	③	④	49	①	②	③	④
25	①	②	③	④	50	①	②	③	④

부산교통공사 기출동형 모의고사

성 명

수 험 번 호

⓪	⓪	⓪	⓪	⓪	⓪	⓪	⓪	
①	①	①	①	①	①	①	①	①
②	②	②	②	②	②	②	②	②
③	③	③	③	③	③	③	③	③
④	④	④	④	④	④	④	④	④
⑤	⑤	⑤	⑤	⑤	⑤	⑤	⑤	⑤
⑥	⑥	⑥	⑥	⑥	⑥	⑥	⑥	⑥
⑦	⑦	⑦	⑦	⑦	⑦	⑦	⑦	⑦
⑧	⑧	⑧	⑧	⑧	⑧	⑧	⑧	⑧
⑨	⑨	⑨	⑨	⑨	⑨	⑨	⑨	⑨

직업기초능력

번호	답란	번호	답란	번호	답란
1	① ② ③ ④	26	① ② ③ ④		
2	① ② ③ ④	27	① ② ③ ④		
3	① ② ③ ④	28	① ② ③ ④		
4	① ② ③ ④	29	① ② ③ ④		
5	① ② ③ ④	30	① ② ③ ④		
6	① ② ③ ④	31	① ② ③ ④		
7	① ② ③ ④	32	① ② ③ ④		
8	① ② ③ ④	33	① ② ③ ④		
9	① ② ③ ④	34	① ② ③ ④		
10	① ② ③ ④	35	① ② ③ ④		
11	① ② ③ ④	36	① ② ③ ④		
12	① ② ③ ④	37	① ② ③ ④		
13	① ② ③ ④	38	① ② ③ ④		
14	① ② ③ ④	39	① ② ③ ④		
15	① ② ③ ④	40	① ② ③ ④		
16	① ② ③ ④	41	① ② ③ ④		
17	① ② ③ ④	42	① ② ③ ④		
18	① ② ③ ④	43	① ② ③ ④		
19	① ② ③ ④	44	① ② ③ ④		
20	① ② ③ ④	45	① ② ③ ④		
21	① ② ③ ④	46	① ② ③ ④		
22	① ② ③ ④	47	① ② ③ ④		
23	① ② ③ ④	48	① ② ③ ④		
24	① ② ③ ④	49	① ② ③ ④		
25	① ② ③ ④	50	① ② ③ ④		

일반상식

번호	답란	번호	답란
1	① ② ③ ④	26	① ② ③ ④
2	① ② ③ ④	27	① ② ③ ④
3	① ② ③ ④	28	① ② ③ ④
4	① ② ③ ④	29	① ② ③ ④
5	① ② ③ ④	30	① ② ③ ④
6	① ② ③ ④	31	① ② ③ ④
7	① ② ③ ④	32	① ② ③ ④
8	① ② ③ ④	33	① ② ③ ④
9	① ② ③ ④	34	① ② ③ ④
10	① ② ③ ④	35	① ② ③ ④
11	① ② ③ ④	36	① ② ③ ④
12	① ② ③ ④	37	① ② ③ ④
13	① ② ③ ④	38	① ② ③ ④
14	① ② ③ ④	39	① ② ③ ④
15	① ② ③ ④	40	① ② ③ ④
16	① ② ③ ④	41	① ② ③ ④
17	① ② ③ ④	42	① ② ③ ④
18	① ② ③ ④	43	① ② ③ ④
19	① ② ③ ④	44	① ② ③ ④
20	① ② ③ ④	45	① ② ③ ④
21	① ② ③ ④	46	① ② ③ ④
22	① ② ③ ④	47	① ② ③ ④
23	① ② ③ ④	48	① ② ③ ④
24	① ② ③ ④	49	① ② ③ ④
25	① ② ③ ④	50	① ② ③ ④

부산교통공사 기출동형 모의고사

명

수 험 번 호

직업기초능력

일반상식

⓪	①	②	③	④	⑤	⑥	⑦	⑧	⑨
⓪	①	②	③	④	⑤	⑥	⑦	⑧	⑨
⓪	①	②	③	④	⑤	⑥	⑦	⑧	⑨
⓪	①	②	③	④	⑤	⑥	⑦	⑧	⑨
⓪	①	②	③	④	⑤	⑥	⑦	⑧	⑨
⓪	①	②	③	④	⑤	⑥	⑦	⑧	⑨
⓪	①	②	③	④	⑤	⑥	⑦	⑧	⑨
①	②	③	④	⑤	⑥	⑦	⑧	⑨	

직업기초능력

문항					문항				
1	①	②	③	④	26	①	②	③	④
2	①	②	③	④	27	①	②	③	④
3	①	②	③	④	28	①	②	③	④
4	①	②	③	④	29	①	②	③	④
5	①	②	③	④	30	①	②	③	④
6	①	②	③	④	31	①	②	③	④
7	①	②	③	④	32	①	②	③	④
8	①	②	③	④	33	①	②	③	④
9	①	②	③	④	34	①	②	③	④
10	①	②	③	④	35	①	②	③	④
11	①	②	③	④	36	①	②	③	④
12	①	②	③	④	37	①	②	③	④
13	①	②	③	④	38	①	②	③	④
14	①	②	③	④	39	①	②	③	④
15	①	②	③	④	40	①	②	③	④
16	①	②	③	④	41	①	②	③	④
17	①	②	③	④	42	①	②	③	④
18	①	②	③	④	43	①	②	③	④
19	①	②	③	④	44	①	②	③	④
20	①	②	③	④	45	①	②	③	④
21	①	②	③	④	46	①	②	③	④
22	①	②	③	④	47	①	②	③	④
23	①	②	③	④	48	①	②	③	④
24	①	②	③	④	49	①	②	③	④
25	①	②	③	④	50	①	②	③	④

일반상식

문항					문항				
1	①	②	③	④	26	①	②	③	④
2	①	②	③	④	27	①	②	③	④
3	①	②	③	④	28	①	②	③	④
4	①	②	③	④	29	①	②	③	④
5	①	②	③	④	30	①	②	③	④
6	①	②	③	④	31	①	②	③	④
7	①	②	③	④	32	①	②	③	④
8	①	②	③	④	33	①	②	③	④
9	①	②	③	④	34	①	②	③	④
10	①	②	③	④	35	①	②	③	④
11	①	②	③	④	36	①	②	③	④
12	①	②	③	④	37	①	②	③	④
13	①	②	③	④	38	①	②	③	④
14	①	②	③	④	39	①	②	③	④
15	①	②	③	④	40	①	②	③	④
16	①	②	③	④	41	①	②	③	④
17	①	②	③	④	42	①	②	③	④
18	①	②	③	④	43	①	②	③	④
19	①	②	③	④	44	①	②	③	④
20	①	②	③	④	45	①	②	③	④
21	①	②	③	④	46	①	②	③	④
22	①	②	③	④	47	①	②	③	④
23	①	②	③	④	48	①	②	③	④
24	①	②	③	④	49	①	②	③	④
25	①	②	③	④	50	①	②	③	④